Ulrich Brinkhoff

Träume in der Morgenstille

Korea 1964/65

agenda Verlag
Münster
2013

Bibliografische Informationen der Deutschen Nationalbibliothek
Die Deutsche Nationalbibliothek verzeichnet diese Publikation in der
Deutschen Nationalbibliografie; detaillierte bibliografische Daten sind im Internet
über http://dnb.d-nb.de abrufbar.

© 2013 agenda Verlag GmbH & Co. KG
Drubbel 4, D-48143 Münster
Tel.: +49(0)251-799610, Fax: +49(0)251-799519
www.agenda.de, info@agenda.de

Layout, Satz & Umschlaggestaltung:
Katharina Lührmann, Marisa Jürgens, Farina Heilen

Druck & Bindung: TOTEM, Inowroclaw, Polen

ISBN 978-3-89688-504-3

Ulrich Brinkhoff

Träume in der Morgenstille

Korea 1964/65

agenda

Inhalt

Vorwort	7
Einleitung	9
Reise in ein modernes Korea	13
Vor 48 Jahren im Münsterland, kurz vor dem Abflug nach Korea	17
Über Alaska und Tokio nach Seoul	21
Dienstbeginn	27
Erste Schritte in Seoul	35
Weihnachten in Korea	38
„Unsere" neue Wohnung	45
1965 beginnt	51
Endlich kommt mein Auto an	54
Das chinesische Neujahrsfest	59
Perlen aus Tokio	62
Kindheitserinnerungen und Krach in der Botschaft	65
Das Jahrhundert-Hochwasser	69
Die Eisenbahnbrücke als einziger Weg	74
Der große Umzug	81
Der koreanische Sommer ist da	86
Ein grausamer Schicksalsschlag	92
Die Hochzeit von Um Tae-young	96
Abenteuer Ostküste mit Schutzengel	99
Ungewöhnlicher Besuch	111
Unruhige Zeiten	112
Reisepläne	117
Hochzeitsglocken	120
Ein Tag in der 12-Millionen-Weltstadt Seoul im Jahr 2012	127
Vorwärts und gleichzeitig zurück nach Saigon	139
Anhang: Fotos vom *Gwacheon Festival*	144
Übersichtskarte Südkorea	152

Vorwort

Als ich vor einigen Jahren im französischen Chalon sur Saone Ulrich Brinkhoff zum ersten Mal traf – wir waren beide in Sachen Straßentheater unterwegs und logierten im selben Hotel – erzählte er mir nach gemeinsamem Frühstück, dass er Südost-Asien gut kennt und in meinem Heimatland Süd-Korea zu einer Zeit viel erlebt hatte, als ich noch ein Kind war. Er sprach auch von der Hauptstadt Seoul und wie sie damals aussah, noch ganz ohne Hochhäuser, mit einer alten Straßenbahn und vielen ungeteerten Straßen.
Als ich bei unseren weiteren Treffen, meistens in Frankreich, und bei unserer Korrespondenz auch seine fotografischen Qualitäten zu schätzen lernte und zudem von seinen Fotos von Seoul aus dem Jahr 1965 hörte, wollte ich diese Fotos natürlich gerne sehen. Denn es gibt zwar viele Fotos aus jener Zeit, aber man kann nicht sagen, dass es genug sind, denn jedes neu auftauchende Foto ergänzt das Wissen über Koreas Vergangenheit. Bei allen weiteren Treffen, die uns inzwischen zu guten Freunden werden ließen, wurde mir bewusst, dass Ulrichs Erinnerungen und seine Liebe zu meinem Heimatland einen unermesslichen Schatz darstellen. So blieb es nicht aus, dass ich ihn 2011, als er mich in Korea besuchte, fragte, warum er über seine damalige Zeit in Korea nicht ein Buch schreiben wolle. Denn ich vermutete, dass es nicht nur für an Südost-Asien interessierte Deutsche sondern auch für viele Koreaner interessant und spannend sein könnte.

Nun freue ich mich, dass es dieses Buch mit vielen Abbildungen und Fotos tatsächlich gibt. Mit diesem Buch wird unsere koreanische Kultur dem Leser auf besondere Art vermittelt und die Beziehungen zwischen Deutschland und Süd-Korea erhalten eine besondere Würdigung. Besonders gefällt mir, dass dieses Buch nicht nur die Zeit beschreibt, als Korea zu den ärmsten Ländern der Welt gehörte, sondern nicht verschweigt, dass es heute, nach nur einem halben Jahrhundert, zu den wirtschaftlich stärksten aufgerückt ist.
Ich bin mir sicher, dass es den Lesern viel Freude bereiten wird, etwas über das Korea von damals zu erfahren. Sie werden aber auch von den vielen Erlebnissen meines Freundes Ulrich in einer für ihn damals völlig fremden Kultur begeistert sein.
Es wäre schön, wenn dieses Buch auch dazu beitrüge, mehr Brücken zwischen den Völkern und Kulturen unserer Welt zu bauen.

Ph.D. Su-taek Yim

Künstlerischer Leiter des *Gwacheon Festivals* für transnationales Straßentheater der Stadt Gwacheon/Süd-Korea

Einleitung

Dies Buch ist der koreanische Teil meines unaufgeschriebenen, aber in Erinnerungen bewahrten Tagebuchs der aufregendsten Jahre meines Lebens, die ich von 1962 bis 1971 für das Auswärtige Amt Bonn, also das deutsche Außenministerium, in Deutschen Botschaften auf vier Kontinenten verbracht habe. Dabei haben mir meine Fotoalben unbezahlbare Dienste erwiesen. Gleichzeitig ist es die ungewöhnliche Lebensgeschichte einer jungen Koreanerin, die es schaffte, fast alle ihre Träume zu verwirklichen, dabei aber auch herbe Rückschläge verkraften musste. Sie war nicht nur meine Ehefrau, sondern auch ein Naturtalent für Fremdsprachen und gleichwohl als Fotomodel. Durch sie fand ich meinen Weg zur künstlerischen Fotografie. Ich kannte sie nur 10 Jahre, sie wurde nur 28 Jahre alt.

Ulrich Brinkhoff

Lesen Sie hier ihren Lebenslauf:

KIM Hyung Sook, geb. am 11. November 1946 in Seoul, war das einzige Kind des koreanischen Kriminalpolizisten KIM Kae Sung (auch Kim Chu Song geschrieben), geb. 15. Februar 1927, und seiner Ehefrau PARK Chung Bok, wohnhaft 256-86 Yongdunkpo-dong Yongdungpo-ku Seoul.

Während des Korea-Krieges 1950 bis 1953 musste die Familie mehrfach flüchten, kehrte aber immer nach Seoul zurück.

Hyung-Sook befand sich in der letzten Klasse der Deoksung Girls High School, als 1964 ihr erst 37 Jahre alter Vater verstarb. Im selben Jahr lernte sie den deutschen Botschaftsangehörigen Ulrich Brinkhoff kennen. Schnell wurde sie der Liebling der diplomatischen Society in Seoul, nicht zuletzt wegen ihrer besonders guten Fremdsprachenkenntnisse und ihrem Talent für Unterhaltung und Moderation.

Als Ulrich B. schon Ende 1965 überraschend an die Deutsche Botschaft in Saigon in Süd-Vietnam versetzt wurde, heiratete er die bildhübsche Koreanerin, die sich von da an SooRyun Brinkhoff-Kim nannte.

In Saigon setzte sich ihr komödiantisches Ausnahmetalent für Sprachen, Mode und Lebenslust fort. 1966 wurde sie deutsche Staatsangehörige und hieß nun SooRyun Hyung-Sook

Brinkhoff. Sie lernte bekannte Persönlichkeiten der Zeitgeschichte kennen, darunter Peter Scholl-Latour, Eckhard Budewig, den FAZ-Journalisten Adelbert Weinstein, den Stellv. SPIEGEL-Chefredakteuer Conrad Ahlers, Sonderbotschafter Hans Schmidt-Horix und viele mehr, die sich alle gern an ihrer Seite zeigten.

Auf dem deutschen Hospitalschiff „Helgoland" war sie ein gern gesehener Gast. Bei seiner Ankunft am 3. Oktober 1966 am Pier in Saigon, direkt vor dem aus der Kolonialzeit stammenden Majestic-Hotel, wurde sie in den englischsprachigen Zeitungen zur „hübschen Vietnamesin" in einem ganzseitigen Bericht mit vielen Fotos und der deutschen Überschrift „Das Helgoland ist angekommen".

Wichtigste Ereignisse 1967 waren der Besuch der Weltausstellung in Montreal/Kanada und eine Reise im Greyhound-Bus von Seattle über San Francisco und Reno nach Los Angeles.

Als 1968 der Vietnam-Krieg in seine heißeste Phase eintrat und die Ehefrauen der deutschen Diplomaten das Land verlassen mussten, bereiste sie zunächst Singapore, Karatchi und Bagdad, ging dann nach Spanien und erlernte die spanische Sprache, um anschließend Deutschland richtig kennen zu lernen.

Von Januar bis Mai 1969 stand eine Weltreise an, die sie zu vielen in Vietnam kennen gelernten amerikanischen Offizieren an ihren Heimatadressen in USA führte, ferner nach Hawaii, Tahiti, Australien und Neuseeland.

Ab Mai 1969 begann der Dienst ihres Ehemanns an der Deutschen Botschaft in LaPaz/Bolivien. Dort traf sie u.a. auf Mildred und Walter Scheel, als diese im Rahmen einer Südamerika-Reise einen privaten Abstecher nach LaPaz machten.
Für einen bekannten Werbefotografen war sie das Top-Model und zierte u.a. ganzseitige Annoncen der Milchwerke von Bolivien. Eine besondere Herausforderung war 1970 die 7.000-km-Reise im privatem PKW, am Steuer ihr Ehemann, von Caracas/Venezuela über Bogota und Lima nach LaPaz. Außerdem brach sie im gleichen Jahr noch für drei Monate nach Brasilien und Argentinien auf, diesmal ohne jede Begleitung.

Als im Juni 1971 die Abordnung nach Bolivien zu Ende ging, reiste sie mit Ehemann zuerst per Eisenbahn von LaPaz nach Arica/Chile. Weil der Landweg von dort nach Santiago de Chile durch ein Erdbeben versperrt war, kam überraschend eine Seereise als Ersatz ins Programm. Vier Wochen Urlaub im Privathaus eines Lufthansa-Technikers, der aus Dankbarkeit, jemanden als Haushüter gefunden zu haben während er auf Deutschlandurlaub weilte, auch seinen PKW zur Verfügung stellte, schlossen sich außerplanmäßig an. In dieser Zeit wurde eine Satelliten-Tracking-Station der Amerikaner in den Hochanden genau so besucht wie der Eisenbahn-Tunnel durch die Anden nach Argentinien.

Anfang 1972, ihr Ehemann hatte seinen Dienst beim Auswärtigen Amt beendet, trat SooRyun Brinkhoff ihren Dienst als Boden-Stewardess bei der Deutschen Lufthansa an. Zunächst in Frankfurt am Main, später in Hannover stationiert, wurde sie auch dort schnell der Liebling aller. Egal ob interne Feiern oder die Einweihung einer neuen Lufthansa-Filiale durch Oberbürgermeister Schmalstieg in der Innenstadt Hannovers, SooRyun hatte stets die Pressefotografen um sich herum.

Als Lufthansa-Bedienstete bekam sie auch Freiflüge, die sie nach Korea, Indien, Thailand und Kalifornien nutzte. Mit ihr reiste stets auch ihr Ehemann. 1974 gelang es ihr, ihre beste Freundin Eun-Sook als Krankenschwester nach Deutschland zu holen. Eun-Sook arbeitete sodann am Evangelischen Krankenhaus in Holzminden, sie heiratete dort später einen deutschen Lehrer und blieb in Deutschland.

Am 21. Juli 1975 verstarb SooRyun Hyung-Sook Brinkhoff, geb. Kim, in der Universitätsklinik in Hannover, wohin sie ein Hubschrauber nach einem Verkehrsunfall auf der B3 bei Alfeld/Leine vier Tage vorher transportiert hatte. Sie war mit ihrem NSU-Prinz auf dem Heimweg vom Dienst am Flughafen Langenhagen nach Silberborn im Kreis Holzminden, als sie mit einem entgegenkommenden VW-Kombi zusammenstieß. Beide Fahrzeuge hatten den Motor hinten, das Unglück forderte drei Tote.

Reise in ein modernes Korea

Es wird unruhig in der Kabine, Mitreisende schieben die Fensterklappen hoch, grelles Licht dringt ins Innere der Boeing 747 der Asiana Airline. Ich merke, dass ich dringend für kleine Jungen muss, aber vor den Toiletten stehen schon Schlangen. Also verschieben und erst mal richtig wach werden. Die Bildschirmanzeige über den Sitzreihen zeigt ununterbrochen unsere aktuelle Flugposition auf einer Landkarte an. Wir befinden uns bereits über der Mongolei. Drei Viertel der Reise Frankfurt - Seoul sind also schon geschafft. Mein Blick aus dem Bullauge – ich habe einen rechten Fensterplatz – versetzt mich dann aber spontan in gute Laune. Was ich klar sehe als langen Strich in einer öden braunen Landschaft ist eindeutig die Große Mauer. Aus 12 Kilometer Höhe noch in allen Einzelheiten bestens erkennbar. Ich hätte wetten können, dass das gar nicht möglich wäre. Auf die eigene Uhr braucht man beim Langstreckenfliegen in Ost- oder Westrichtung nicht zu schauen. Der Sonnenstand hilft da mehr und sagt mir, es ist früh am Morgen über China. Die Landschaft leuchtet zart orange-rot als die blutrote Sonnenscheibe am Horizont erscheint, den Kosenamen „Land der Morgenröte" hat China offensichtlich nicht zu Unrecht. Wenig später sind wir auch schon über Peking. In Rechtskurvenlage unseres Jets kann ich den Stadtflughafen von Peking fotografieren, das Resultat ist unglaublich scharf. Man erkennt Autos und Flugzeuge, Gebäude sowieso. China hat sich auch von oben geöffnet. Was blieb ihm auch übrig, wo doch Satelliten inzwischen jeden Punkt der Erde überwachen. Vor 48 Jahren, als ich als Staatsdiener in Korea lebte und alle kommunistischen Länder für mich deshalb für Privatreisen tabu waren, galt schon das Überfliegen von Ostblock-Staaten als Hochverrat, geschweige fotografieren von oben. Auch in Deutschland war damals für Zivilisten das Fotografieren aus der Luft verboten und Pressefotos aus Flugzeugen mussten vor einer Veröffentlichung genehmigt werden.

In genau zwei Stunden werden wir in Seoul landen, zehn Stunden Flug haben wir schon hinter uns. Nun ist auch Monika neben mir aufgewacht. Sie begleitet mich seit 25 Jahren nicht nur auf allen meinen Reisen sondern auch seit 20 Jahren als meine geliebte Ehefrau überall hin. Für sie ist es die erste Reise nach Fernost, für mich hingegen eine Reise in meine fast ein halbes Jahrhundert zurück liegende Vergangenheit. Dass ich mit 72 Jahren das Abenteuer einer Non-Stop-Flugreise quer über Sibirien nach Korea überhaupt auf mich nehme, verdanke ich einem glücklichen Zufall, der sich vor acht Jahren im französischen Chalon sur Saone abspielte.

Dort saßen Monika und ich im heißen Juli vor unserem Hotel und frühstückten. Dabei diskutierten wir über das am Vortag Erlebte beim größten europäischen Straßentheater-

Festival, dem „Chalon dans la Rue", zu dem wir alljährlich reisen. Weil am Nebentisch ein Asiate ständig schmunzelte, offenbar über unsere Gesprächs-Gags, fragte ich ihn schließlich, ob er deutsch versteht. Er bejahte und ich lud ihn zu uns an den Tisch ein, was er spontan und erfreut annahm.

So lernten wir YIM Su-taek (in Korea steht der Hausname vorn) kennen, der heute mein allerbester Freund ist. Su-taek studierte in Würzburg Literatur und Theaterwissenschaft und ist inzwischen der Künstlerische Leiter eines der größten koreanischen Straßentheater-Festivals, dem Gwacheon Festival. Dorthin sind wir nun dank Su-taek unterwegs. Die Freude über seine Einladung ließ mich alle Altersbeschwerden vergessen. Ein Weltenbummler war ich schließlich immer, warum also nicht noch einmal Korea erkunden und vergleichen mit dem, was ich noch klar von damals im Kopf habe. Seinerzeit war in nur 12 Monaten für mich ein Traum in Erfüllung gegangen. Das Land der Morgenstille mit seinen liebenswerten Bewohnern und seinen herrlichen Landschaften hatte sich mir gegenüber von seiner besten Seite gezeigt. Bald werden wir erfahren, ob Korea auch jetzt noch für mich eine Reise wert bleibt.

Die Landung auf dem neuen Flughafen Incheon verläuft glatt. Das Empfangsgebäude ist eine architektonische Meisterleistung, sowohl was die Optik als auch den Nutzwert angeht. Nirgends Hektik, viel Raum, enorme lichte Höhe, auch Zurückziehräume für Wartende, reichlich Toiletten-Anlagen in einer Qualität, wie man sie in Nobelhotels in Deutschland suchen muss. Ruck-Zuck kommen wir durch die Formalitäten, besorgen uns am Bankautomat mit der VISA-Karte koreanisches Geld, den Won. Wir lösen unser Busticket und finden schnell die Haltestelle, von der alle 45 Minuten ein Luxusbus nach Gwacheon abfährt. Seine Sitze ähneln den Flugzeugsesseln in der ersten Klasse, links vom Gang gibt es nur einen Platz, rechts zwei pro Reihe. Die 45 km lange Reise, die uns auch am ehemaligen Flugplatz Kimpo vorbeiführt, der heute <Stadtflughafen Gimpo> heißt, kostet 12.000 Won pro Person, also 8,40 Euro, und dauert 90 Minuten. Schon auf dieser Fahrt wird mir klar, wie sehr sich Korea seit 1965 verändert hat, als hier noch endlose Reisfelder die Landschaft beherrschten.

Alles kommt mir wie eine unendliche Riesenbaustelle vor, Brücken ohne Ende, mal über Meeresarme, mal über Schienenstränge, mal über sechsstreifige Autobahnen. Unsere Fahrt führt parallel am Han-Fluss entlang, ich zähle auf dem vier Kilometer langen Streckenabschnitt mehr als zehn große Brücken, alle in unterschiedlicher Bauweise. Auf der anderen Flussseite erkenne ich Wohnstädte aus Hochhäusern soweit das Auge reicht, auf unserer Seite kommen wir an unzähligen Bürohochhäusern vorbei, meist mit Schrifttafeln von Weltunternehmen auf dem Flachdach. Dann biegt der Bus nach Gwacheon ab und es geht auf breiten Straßen mit mörderischem Verkehr durch dicht bebaute

Wohngebiete, aber zu meiner Überraschung ganz ohne Staus. Die grüne Welle läuft mit 80 km/h auf vier Fahrstreifen pro Richtung. Auffallend viele Busse sind unterwegs.

Der Bus hält direkt vor dem Rathaus von Gwacheon und gegenüber von unserem Hotel. Unsere Erwartungen werden weit übertroffen, das Zimmer ist übergroß, ebenso das Bett, und an den Wänden hängt Kunst. Es gibt einen Mini-Kühlschrank und im Badezimmer an der Toilettenbrille, die einem Flugsimulator ähnelt, befinden sich 12 elektrische Knöpfe und Schalter. Monika beschließt, sie erst morgen näher zu untersuchen. Wir fallen todmüde ins Bett. Ich träume von Korea, dem von damals.

Das Grace-Hotel in Gwacheon 2012

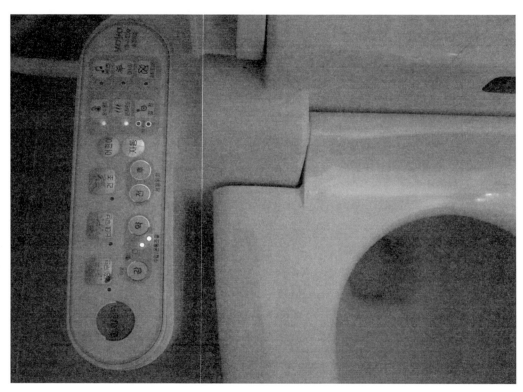

Moderne Toilettenbrille im Hotel

Vor 48 Jahren im Münsterland, kurz vor dem Abflug nach Korea

Die dröhnende Geräuschkulisse in der Boeing 707 war gewaltig, eine Verständigung nur schwer möglich. Ich wurde das Gefühl nicht los, dass das Flugzeug seine eigene Angst durch ein ewiges Zittern besänftigen wollte. Nach der Zwischenlandung in Kopenhagen waren wir seit 20 Minuten wieder in der Luft, nun auf dem Weg nach Anchorage in Alaska. Wir schrieben den 24. November 1964, ich war in Hamburg zugestiegen, das Flugzeug kam von Frankfurt und hatte Ziel Tokio. Es war mein erster Flug in einer 707 der Deutschen Lufthansa. Erst seit 1958 gab es diese ersten Jet-Flugzeuge in der Geschichte der Luftfahrt überhaupt am Himmel. Zwei Jahre lang flog nur Pan American Airline mit diesem neuen Flugzeug-Typ, Lufthansa kaufte ihn erst einige Jahre später für seine Flotte. Davor flog man mit Propellern.

Die Zwischenlandung in Kopenhagen brachte keine zusätzlichen Passagiere, sie diente nur dem Zweck des wieder Volltankens, um Anchorage ohne weiteren Stop zu erreichen. Eigentlich ist Anchorage auf dem Weg nach Tokio ein Umweg, aber wir befanden uns damals im Kalten Krieg, ein Überfliegen der Sowjetunion war unmöglich. Über die Südroute, also die Strecke Kairo und Singapur, hätte es noch länger gedauert als über Alaska. Die Überfliegung von Island konnte ich noch aus den Bullaugen erkennen, dann kamen Wolken. Wir befanden uns nun in der Polarnacht, waren wohl ungefähr über Grönland.
Als es sich alle Passagiere bequem gemacht hatten, stellte ich fest, dass wir nur 12 Männer waren. 140 Passagiere hätten hinein gepasst. Meine Nachfrage bei der Stewardess ergab, dass wir so viel Fracht geladen hatten, dass mehr Passagiere nicht mitgenommen werden konnten. An einer leichten Röte in ihrem Gesicht las ich die eigentliche Wahrheit ab. Die Mithörenden schmunzelten. Die Stewardess schloss die Bullaugen und löschte dann das Licht. Ich machte es mir bequem, schlief bald quer auf drei Sitzen und gut mit Decken versorgt ein. Trotz des Dröhnens und Vibrierens des Jets beim Durchfliegen einer Gewitterfront, was mich zeitweise weckte und hoffen ließ, dass die schwabbelnden Tragflächen durchhalten, waren meine Gedanken rückwärts gerichtet.

Für meinen zweijährigen Dienst an der Deutschen Botschaft in Sierra Leone in West-Afrika hatte ich mir einen dreimonatigen Heimaturlaub verdient. Dazu kamen noch 17 Tage alter Urlaub vom Auswärtigen Amt in Bonn aus dem Jahr 1962. Eine echt lange Auszeit, um alte Bekanntschaften zu pflegen und neue Kontakte zu knüpfen, nicht nur in meiner Heimat Holzminden sondern vor allem bei meiner Lieblingstante in Burgsteinfurt, der einzigen Schwester meiner Mutter, wo ich schon als Schüler regelmäßig meine Sommerferien immer in voller Länge verbracht hatte. Eigentlich war eine Erholung nach zwei Dienstjahren im heißen Afrika für mich nicht notwendig, denn es war nicht unbedingt anstrengend gewesen. Die Ärzte des Tropeninstituts, von denen wir regelmäßig untersucht wurden, hätten das sicherlich anders gesehen. Ich gebe gern zu, dass ich es heute auch anders sehe. Zum Beispiel liefen wir in Afrika ohne Sonnenbrillen herum und benutzten sie selbst in praller Sonne beim Volleyball spielen nicht. Da man beim Volleyballspiel ständig nach oben schaut, führte das dazu, dass ich schon mit 50 verblendete Augen bekam und bis heute bei Sonnenwetter besonders vorsichtig sein muss und außer der Sonnenbrille eine Kappe mit Sonnenblende trage.

Das Haus von Onkel Walter und Tante Grete an der Eichendorffstraße in Burgsteinfurt war also für einige Wochen mein Dreh- und Angelpunkt für Ausflüge aller Art. Der schönste war der, als ich in Begleitung der 17-jährigen Nachbarstochter nach Osnabrück reiste, um im Karmann-Werk meinen weißen Karmann-Ghia abzuholen. Es war die große der beiden Versionen dieses Kult-Autos, der Typ 34, der erst seit 1961 gebaut wurde. Scharf war ich eigentlich auf den kleinen Typ 19 gewesen, den es schon seit 1955 gab. Doch dessen Lieferzeiten passten nicht zu meinen Planungen, denn die Abreise nach Korea, meinem neuen Dienstort, stand kurz bevor.

Das süße Nachbar-Mädchen hieß Edeltraut, hatte blonde Haare bis auf die Schultern und hellblaue Augen. Eine schlankere weibliche Person hatte ich vorher noch nie gesehen. Mein Stiefvater hätte sie Bohnenstange genannt, so nannte er alle Frauen mit wenig Oberweite und langen Beinen. Ihre Mutter war das krasse Gegenteil, auch was ihrer Tochter Schüchternheit betraf. Auf den vielfältigen Partys im Hause meiner Tante, zu denen mein Onkel als Straßenmeister immer einen Haufen von Freunden einlud, tanzte die Nachbarin auch als enge Freundin meiner Tante des öfteren zu fortgeschrittener Stunde schon mal auf dem Couchtisch. Edeltraut war ihre einzige Tochter, sie lebten zu zweit, von einem Vater wurde nie gesprochen und fragen mochte ich nicht.

Auf der Fahrt nach Osnabrück, noch nicht über die Autobahn, denn die war erst im Bau, berichtete ich ihr über meine Reisepläne. Natürlich auch über meine Zeit in Sierra Leone, wobei ich allerdings die Hauptsächlichkeiten ledigen menschlichen Zusammenlebens geflissentlich wegließ. Weil Afrika meine männlichen Gelüste nahezu übererfüllt hatte, war ich auch gar nicht daran interessiert, Edeltraut irgendwie in Bedrängnis zu bringen. Ich genoss es einfach, nicht allein fahren zu müssen und eine so liebe Person neben mir zu haben. Im Warteraum der Abholstelle für Neuwagen musste ich zunächst stehen, weil es zu wenige Stühle gab. Zudem war noch eine amerikanische Familie mit drei kleinen Jungen anwesend, die über Tische und Bänke Hasch-mich-Spiele trieben, bis ein älterer Herr aus der Runde der Wartenden sich räusperte. „Stop it" zischte der amerikanische Vater nur kurz, und augenblicklich war Ruhe. Nach zwei langen Stunden kam endlich der erlösende Aufruf „Herr Brinkhoff bitte, ihr Fahrzeug ist fahrfertig und abholbereit".

Da stand er, schneeweiß und mit den ovalen Zoll-Kennzeichen an den Stoßstangen, mit denen man 3 Monate steuerfrei in Deutschland und Europa rumgondeln durfte. Aber immer mit einer dicken Akte von Papieren im Handschuhfach, die auch oft von Polizisten und Grenzbeamten zusammen mit meinem roten Dienstpass zur Einsicht eingefordert wurden. Die Rückfahrt nach Burgsteinfurt dauerte einiges länger als die Hinfahrt. Edeltraut war erstmals für Küsse empfänglich, aber es durfte nur auf Parkplätzen ohne jegliche Einsehbarkeit sein. Das war aber kein Problem, denn das Münsterland ist ja mit Buschwerk und Wäldern gut ausgestattet.

Am nächsten Morgen wurde mein neues Auto von allen begutachtet. Mein Onkel erbat eine Probefahrt und tauchte erst nach 20 Minuten wieder auf. Er hätte es wohl gern wieder übernommen, so wie vor drei Jahren einen Ford Taunus, den ich für Afrika angeschafft hatte, aber nicht mitnehmen konnte, weil in Sierra Leone Linksverkehr ist. Ich bestellte damals dann ersatzweise jenen Ford Taunus, der als „Badewanne" in die Spitznamengeschichte einging. Der hatte das Lenkrad rechts, so wie es für Sierra Leone vorgeschrieben war. Botschaftsangehörige bekamen damals bei deutschen Autobauern bis zu 25 % Rabatt, damit möglichst deutsche Auto-Marken vor den Botschaftsgebäuden stehen und auf diese Weise für deutsche Wertarbeit werben. Diesen Rabatt räumte ich vor drei Jahren auch meinem Onkel ein, aber er liebte den Taunus mit Deutschlands erstem Frontantrieb nicht, kam damit einfach nicht zurecht, weil er vorher immer nur VW-Käfer gefahren hatte. Ich hingegen war traurig, weil ich immer für technischen Fortschritt zu haben war und die „Badewanne" leider nur den altbekannten Hinterradantrieb hatte.

Sulima in Sierra Leone auf meiner „Badewanne"

SooRyun in Korea auf meinem Karmann-Ghia

Über Alaska und Tokio nach Seoul

„Bitte anschnallen, wir landen in Kürze". Die Stimme des Käptens weckte mich aus meinen Träumen. „Rechts neben uns erkennen Sie den Mount McKinley, Amerikas höchster Berg" wurden wir aufgeklärt. Groß und mächtig erkannte ich aus dem Bullauge den verschneiten Riesen, der für mich große Ähnlichkeit mit dem Kilimandscharo hatte. Vom Mount McKinley hatte ich bisher nie etwas gehört. Als er immer kleiner wurde, setzten wir zur Landung an. Zwei Stunden im Transit standen nun auf dem Programm. Den Transitraum mussten wir uns mit Passagieren anderer Flüge teilen. Er war klein mit niedriger Decke, nicht jeder fand einen Sitzplatz. Zum Glück gab es einen Duty-free-Shop in Reichweite. Auch der Blick aus dem Fenster auf verschneite Bergketten im Hintergrund ließ ahnen, wie kalt es draußen wohl sein könnte. Unten auf der Straße vor dem Terminal standen Taxis in Langversion und mit Schneeketten, eine Art Großraumlimousine wie ich sie so noch nie gesehen hatte. Sie erinnerten mich an ein Ereignis aus meiner Schulzeit, als uns ein Bruder meines Stiefvaters erstmals nach seiner Auswanderung 1935 nach Philadelphia wieder in Holzminden besuchte und seinen Cadillac per Schiff mitgebracht hatte. Ich und viele meiner Schulkameraden durften mitfahren. Amerikanische Autos kannten wir nur aus Filmen. Leider nahm er ihn wieder mit zurück in die USA. Die Taxis hier vor dem Terminal waren im Vergleich mit dem Cadillac von damals Riesenautos.

Nach zwei Stunden ging es weiter Richtung Tokio. Meinen Traum von vorhin fortzusetzen war nicht schwer. Edeltraut hatte jede freie Minute bis zu meiner Abreise in meiner Nähe verbracht. Oder ich in ihrer. Sie war auch mit dabei, als ich „unseren" weißen Zweisitzer in Hamburg dem Spediteur übergab, der ihn mit der einzigen den nahe Seoul gelegenen Hafen Inchon anlaufenden Schifffahrtslinie, der amerikanischen „States Marine Line", verschiffen sollte. Pusan (heute Busan) ist zwar nach wie vor der größte Hafen Koreas, der von vielen Linien bedient wird, doch liegt er am Südende der Halbinsel und hätte mein persönliches Erscheinen im Hafen zur Abholung des Autos notwendig gemacht.
Der Abschied von Edeltraut war kurz und schmerzlos. Sie fuhr per Rad zur Schule und schaute sich nicht um. Ich war an jenem Tag noch nicht ganz wach und stand im Schlafanzug am Fenster des Gästezimmers meiner Tante und blickte ihr nach. Mittags nahm mich mein Onkel mit nach Münster und ich stieg in den Zug nach Hamburg.

Obwohl ich nach diesen wenigen Wochen nur wusste wie ihre Küsse schmecken, mehr nicht, war ich fest überzeugt, Edeltraut entweder nachzuholen nach Korea oder auf jeden Fall solide zu sein und so schnell wie irgend möglich nach Burgsteinfurt zurückzukehren.

Wie so oft im Leben kam es anders. Gut, dass man es vorher nie weiß.

„Bitte anschnallen, wir landen in 20 Minuten in Tokio." Der Käpten hatte gute Laune und ergänzte noch „Zur Information für alle Fluggäste an Bord: Hier erleben Sie noch den Rest des Jahres des Drachen. Ab Ende Januar 1965 wird es dann die Schlange sein, die sie für 12 Monate begleitet" tönte es aus den Bordlautsprechern. Ich konnte damals nicht wissen, dass es beim Schreiben dieses Buches mit dem chinesischen Mond-Kalender gerade wieder genau so ist.

Hier in Tokio war der Aufenthalt im Transit bis zu meinem Weiterflug nach Seoul-Kimpo reichlich länger als in Anchorage in Alaska. Im Duty-free-Shop erstand ich ein Kofferradio Marke Sanyo, mit Kopfhörer und Stereo-Taste, alles völlige Neuheiten, die bis Deutschland noch nicht vorgedrungen waren, jedenfalls nicht bei Kofferradios. Ein paar Kleinigkeiten als Mitbringsel für wen auch immer passten auch noch in die Tüte. Erfreut stellte ich fest, dass ich mit asiatischen Gesichtern offenbar keinerlei Probleme haben würde. Bei meiner Ankunft in Afrika dauerte es immerhin so um die zehn Wochen, bis ich ein schwarzes Gesicht vom anderen unterscheiden konnte. Das nervte ganz schön, denn wenn jemand sagt „erkennst Du mich denn nicht, ich bin doch der Postbeamte vom Briefmarkenschalter, wir sprachen doch gestern zusammen....." und ich unsicher bin und fragen muss „wovon sprachen wir denn?", um herauszufinden, ob er es ehrlich meint, kann es passieren, dass der Gesprächspartner an meiner Zurechnungsfähigkeit zweifelt.

„Paging Mr. Brinkhoff, please come to the information-desk" weckte mich aus meinen Träumen. Es war ein kurzes nettes Schreiben des Kanzlers der Botschaft Seoul, das am Informationsschalter auf mich wartete. Darin teilte Herr Thier mir mit, dass Mr. Choi (gesprochen Tschä), der koreanische Fahrer des VW-Busses der Botschaft, mich am Flughafen abholen und zum Chosun-Hotel bringen würde, wo mein Zimmer reserviert sei. „Na bitte, das klappt doch", dachte ich. Nur noch zwei Stunden, eine Stunde Warten und eine Stunde Flug, dann würde ich wieder für längere Zeit festen Boden unter den Füßen haben.

Kanzler werden übrigens die Verwaltungschefs an Deutschen Botschaften genannt, so wie die politischen Chefs Botschafter heißen. Dann sind da noch die Legationsräte, welche gewöhnlich die Fach-Abteilungen, also Wirtschaft, Kultur etc., leiten, und die Konsulatssekretäre, zuständig für Verwaltung und Rechtsfragen. Hinzu kommen die vielen anderen entsandten Kräfte, so wie ich beispielsweise ein Angestellter im Schreibdienst war, und immer und überall natürlich die Ortskräfte. Das sind Einheimische, die den Vorteil haben, sich überall auszukennen und vor allem die lokale Sprache perfekt zu beherrschen. Ihr Lohn steht dazu meist im krassen Widerspruch.

Nach Korea brachte mich eine DC8 der Japan Airline, eine Propeller-Maschine wie ich sie aus Afrika gewohnt war und selbst viele Jahre später in Süd-Amerika noch oft genug gefürchtet habe, weil sie „auf Sicht" mitten durch Wolken flogen und sich dabei ohne jede Navigationshilfe zwischen den Bergspitzen der Anden hindurch lavierten.

Die letzten Meter sozusagen bis Kimpo-Airport nutzte ich zum erneuten Durchlesen des 15-seitigen Anhangs zum Bericht der Botschaft Seoul an das Auswärtige Amt in Bonn von August 1962, der die „Lebensbedingungen in Südkorea" beschrieb und allen zugeschickt wurde, die erstmals dies Land besuchen wollten, egal ob amtlich oder privat. So las ich „...doppelt so dicht besiedelt wie Indien" und „...dichter sogar als Japan...". Japan hatte damals schon 250 Einwohner auf den qkm. Oder man erfuhr, dass Nordkorea flächenmäßig größer ist, aber nicht einmal halb so viele Einwohner wie Südkorea hat. Interessant auch der Absatz
„Die Koreaner sind ein ausgesprochenes Mischvolk, ohne jedoch die bei einem solchen meist anzutreffenden hervorragenden Begabungen. Neben den flachen runden Gesichtern der Mongolen sieht man viele hochgewachsene Gestalten mit europäischem Gesichtsschnitt."
Ich lasse mal dahingestellt, ob der Verfasser das ernst gemeint hatte. Damals blieb mir nur, die Wahrheit selbst herauszufinden, was ich mir auch fest vornahm.

Die kleine Gruppe derer, die im Terminal auf von Tokio ankommende Fluggäste wartete, war überschaubar. Herr Choi hatte wohl schon öfter deutsche Neulinge abgeholt, denn er kam schnurstracks auf mich zu „Sie sind Herr Brinkhoff?, oder?". Sein gutes fast akzentfreies Deutsch überraschte mich. Weil es schon tiefe Nacht war, blieben weitere Gespräche aus. Nach 30 Minuten Fahrt und mit erstmaliger Überquerung des Han-Flusses, der noch sehr viele folgen sollten, erreichten wir das Chosun-Hotel. Herr Choi erklärte noch, dass er mich morgen gegen 10 Uhr abholen werde, damit wir gemeinsam zu Fuß zur Botschaft gehen könnten, dann verschwand er. Mein Zimmer war geräumig und geradezu bombastisch eingerichtet, nichts fehlte außer einem Klimagerät. Das braucht man hier allerdings nur im Sommer und wir hatten schon Spätherbst. An Schlafen war angesichts einer anstrengenden und mit Zeitunterschied verbundenen Reise, auch weil ich im Flugzeug viel geschlafen hatte, noch nicht zu denken. So zog ich zunächst die Vorhänge auf und staunte nicht schlecht, denn aus dem sechsten Stock konnte ich praktisch die ganze Innenstadt überblicken, und auch das große alte Stadttor Nam-dae-mun („großes Südtor") war trotz Dunkelheit gut zu erkennen. Ebenso das altehrwürdige vierstöckige Rathaus ganz in der Nähe meines Hotels. Nur wenige höhere Häuser, aber mit selten mehr als 10 Stockwerken, störten den Blick auf unendlich viele kleine einstöckige Häuschen, deren Dächer auch in der Dunkelheit ihre markanten zur Traufe hin geschwungenen Formen erkennen ließen. Sie wirkten wie aneinander geklebt, die schmalen Gassen waren kaum auszumachen. Auf dem Platz vor dem Rathaus konnte ich große Busse und rote Minibusse und trotz der vorgerückten Zeit ein Gewusele von Passanten erkennen. Das ermunterte mich, noch einen Spaziergang zu machen.

Ehe ich vor die Tür trat hatte ich den Chef der Rezeption nach dem Weg zur German Embassy gefragt. „It will be closed by now!" „I know of course, but tomorrow I will be starting to work there" Er lachte und schnell war ich aufgeklärt, dass es praktisch nur um die Ecke sei. Um mich herum wurde fast nur englisch gesprochen. Die Hotelgäste waren überwiegend Amerikaner, zivile und militärische, dazu wenige Japaner, die aber vorsichtshalber auch nur englisch sprachen. Vermutlich nahmen sie Rücksicht auf die koreanischen Erinnerungen an viele Jahre Unterdrückung durch Japan, bei der alle Koreaner selbst ihre Muttersprache nicht mehr sprechen durften und bei Nichtbeachtung Gefängnis drohte oder noch Schlimmeres.

Das Gebäude, in dem die Deutsche Botschaft im obersten Stockwerk ihre Büros hatte, ein nahes Eckhaus, war schnell gefunden. Dass es sich beim obersten Stock um eine Bretterbude auf einem Flachdach handelte, erfuhr ich zum Glück erst am nächsten Morgen. So konnte ich in dieser Nacht, nachdem ich in der Cafeteria des Hotels noch etwas Nudelhaftes gegessen hatte, das der Ober als das *einzig noch vorhandene aber leckere Gericht zu so später Stunde* bezeichnete, sogar problemlos einschlafen.

Alte Tourismus-Werbung

Altes Gebäude mit Deutscher Botschaft auf dem Flachdach

Der Rathaus-Platz von Seoul 1965

Dienstbeginn

Als ich am nächsten Morgen das Hotel zusammen mit Herrn Choi verließ, um durch schmale Gassen den kurzen Weg zur Botschaft zu nehmen, war der Lärm auf der Straße vor dem Hotel gewaltig. Genau so schnell wurde es ruhig, als wir abbogen und nun nur noch schwer bepackten Handkarren und Kiepenträgern begegneten. Eilig hatten es aber offenbar alle. Vielleicht auch wegen der Kälte, die ich nicht so stark erwartet hatte. Ein eisiger Wind pfiff um die Häuserecken. In der Botschaft angekommen, wurde ich von Kanzler Thier und Konsulatssekretär Schmidt begrüßt und nach kurzem beiderseitigen Beschnuppern durch die Büros geführt und mit allen Mitarbeitern der Botschaft bekannt gemacht. Am besten gefiel mir die tägliche Arbeitszeit, die durchgängig von 9 bis 14 Uhr an sechs Wochentagen, also nur fünf Arbeitsstunden täglich und somit 30 wöchentlich dauerte. Das hatte besondere Gründe, hauptsächlich den der mangelhaften Heizung, bei der es das heiße Wasser offenbar nicht bis in den sechsten Stock schaffte und nur noch lauwarm ankam, und das auch erst ab 8 Uhr. Kein Wunder, dass alle mit dicken Pullovern an ihren Schreibtischen saßen. Weil ich das nicht erwartet hatte und nicht dick genug gekleidet war, durfte ich den ersten Arbeitstag im Mantel verbringen. Meine gewohnte Arbeit bekam ich am ersten Tag noch nicht zu Gesicht, ich sollte mich erst mal einleben und meine Kollegen kennen lernen. Dabei kam ich an Herrn Um nicht vorbei, der mir an den Fersen klebte und sich offenbar um mich kümmern sollte. Ein relativ kleiner, drahtiger und energischer Koreaner, immer nett und höflich, aber sein Alter war schwer zu schätzen. Bald wusste ich schon viel über ihn. Er war der Mann für alles und das Besondere, am wohlsten fühlte er sich als Dolmetscher. Weil der eigentliche Chef-Dolmetscher, Herr Son, krank zuhause lag, war Herr Um sehr gefragt. Übersetzen war offenbar oft nötig, denn ständig wurde er „für eben mal bitte kurz kommen" gerufen. Ich erfuhr von ihm auch, dass er bald heiraten wollte und hoffentlich auch bald die Gelegenheit bekommen würde, endlich Deutschland zu besuchen. Das Land von dem er so überzeugt war und in höchsten Tönen schwärmte.

Der letzte Akt am ersten Tag war die Auszahlung eines guten Vorschusses in koreanischer Währung, dem Won. Für die Rückzahlung sollte ich mir Zeit lassen bis ich den Überblick über die „Gewohnheiten" des Geldwechsels gewonnen hätte, meinte Herr Schmidt. Wegen der vielen Amerikaner in Seoul war parallel zum Won auch der US-Dollar ein gängiges Zahlungsmittel. Abends im Hotel studierte ich die Bilder auf den Geldscheinen. Ich erkannte das große Südtor und das Unabhängigkeitstor auf den 100 und 500 Won-Scheinen. Aber es gab seltsamerweise zwei Sorten Geldscheine. Den Grund erfuhr ich auf Nachfrage am nächsten Tag. Bis vor kurzem wurde alles Geld bei der Thomas-de-la-Rue-Druckerei in England hergestellt. Erst seit wenigen Monaten gab es auch Scheine aus lokaler Produktion, gedruckt bei KOMSCO, der koreanischen Staatsdruckerei.

Bald stellte sich für mich die Routine im Dienst ein, Briefe nach Diktat oder anderen Vorgaben zu Papier zu bringen und weiter zu verarbeiten, wozu vor allem das Chiffrieren und Funken gehörte. Alle Kollegen und Kolleginnen waren ausnahmslos nett und hilfsbereit zu mir, besonders wenn es Probleme gab und ich meine eigenen Erfahrungen nicht heranziehen konnte. Da ich aber kein Neuling in Sachen Auslandsdienst war, nur eben neu in Asien, kam ich bald gut allein zurecht und es dauerte gerade mal 2 Wochen, bis ich auch für den diplomatischen Kurierdienst eingeteilt wurde. Der ging einmal pro Woche über die Bühne und war mit einem Flug nach Tokio verbunden. Dort musste man am Flughafen die Diplomatenpost vom „Kurier Bonn-Tokio und zurück" persönlich übernehmen und ihm unsere Post übergeben. Dieser leibhaftige Fernkurier reiste in einer Lufthansamaschine von Frankfurt nach Tokio und an jedem Zwischenstop wurden die diplomatischen Briefe, Verzeihung Depeschen, ausgetauscht. Weil Tokio der Endpunkt seiner Reise war, hatte er nur noch die für Korea und Japan verplombten Säcke bei sich, die den Spitznamen Luftbeutel trugen. Die lagen nicht im Gepäckabteil des Flugzeugs, sondern direkt neben ihm auf dem Sitz. Weil die Maschine sehr früh am Morgen in Tokio eintraf, musste ich schon am Abend vorher Seoul verlassen und hatte einen schönen Abend ganz für mich allein in Tokio, denn mein Hotel lag in der Stadtmitte. Per Taxi fuhr ich früh morgens wieder zum Flughafen und durfte dank einer Sondergenehmigung bis in das Flugzeug, um dort den Kuriermenschen zwecks Postaustausch zu treffen und danach direkt nach Seoul zurückzufliegen. Dieser Kurierdienst erfolgte reihum im Kollegenkreis und ich war somit ca. alle 6 bis 8 Wochen an der Reihe.

Inzwischen hatte ich erfahren, dass wegen der mangelhaften Unterbringung der Botschaft in diesem sehr alten Gebäude ein baldiger Umzug in ein neues Haus geplant war. Das war im Rohbau schon fertig und in Sichtweite vom Rathaus linksseitig am Seosomun-ro gelegen, einem großen breiten Boulevard, der vom Rathausplatz nach Westen verläuft. Darin war der gesamte 9. Stock des Daehan-Gebäudes, - diesen Namen hatte es bereits - , von der Botschaft im Voraus angemietet worden. Rundherum standen nur vereinzelt andere hohe Gebäude, die meisten waren einstöckige alte Wohnhäuser. Am nächsten Nachmittag lief ich hin, um mir ein Bild meiner künftigen Arbeitsstelle machen zu können.

Im Treppenhaus konnte man schon die mit Kreide an die Wand geschriebenen Stockwerksnummern ablesen, wobei allerdings die Vier fehlte. Also wurde auch bei modernen Gebäuden diese alte koreanische Tradition gepflegt, wonach niemand mit einer Vier, der koreanischen Pechzahl, etwas zu tun haben will. Meine Inspektionen wiederholten sich regelmäßig, denn zeitlebens war ich an Architektur interessiert und hoffte damals noch, nach Rückkehr nach Deutschland an der Staatlichen Baugewerkschule in meiner Heimatstadt Holzminden zu studieren.

Bei meinen Streifzügen durch die Umgebung von Botschaft, Rathaus und Hauptbahnhof blieb ich auch oft an der Stelle stehen, wo der verkehrsreiche Boulevard Seosomun, an dem bald die neue Botschaft liegen soll, die Eisenbahnstrecke kreuzt, die von Seoul nach Goyang und Paju im Norden verläuft. Hier war eine Hochstraße im Bau, um das endlose Warten an der Bahnschranke zu beenden. Die Betonpfeiler standen schon. Später wurden viele solcher Hochstraßenungetüme gebaut, aber nur dieses erste Exemplar hat die Zeiten überdauert. Alle anderen wurden in den 90er-Jahren aus rein optischen Gründen wieder abgerissen und durch Tunnel ersetzt.

Am Nikolaustag stellten wir alle morgens auf dem Weg zur Arbeit fest, dass an allen Laternenmasten der Innenstadt Wimpel mit koreanischer und deutscher Flagge flatterten. Auch der Rathausplatz war in Fahnen gehüllt. Das erinnerte uns daran, dass sich am nächsten Tag Präsident PARK Chung Hee auf die Reise nach Deutschland zu einem Staatsbesuch machen würde. Präsident Park wollte die vielen koreanischen Gastarbeiter in Deutschland besuchen, die vor zwei Jahren als Bergarbeiter ins Ruhrgebiet gereist waren. Am nächsten Morgen war die Innenstadt abgeriegelt, überall sah man Militär und Polizei. Dann rauschte die lange Kolonne von Fahrzeugen, mitten drin die große schwarze amerikanische Limousine mit den dunklen Scheiben, eskortiert von Jeeps und Motorrädern, mit hoher Geschwindigkeit über den Rathausplatz Richtung Flughafen. Die Schulen hatten offenbar frei, damit alle Kinder am Straßenrand winken konnten, natürlich ebenfalls mit Wimpeln in den Landesfarben.

Als der Präsident nach acht Tagen, die er mit Ehefrau und 18 Regierungsmitgliedern ausschließlich in Deutschland verbracht hatte, zurückkehrte, war das Spalier weniger pompös. Die Zeitungen berichteten, dass er seine vielen Landsleute in Deutschland ermuntert hatte, bald zurückzukehren und ihre Erfahrungen dem eigenen Land zu Gute kommen zu lassen.

Am 12. Dezember hatte ich eine gute Nachricht vom Kanzler erhalten. Meine Wohnung in Hannam-dong, einem Stadtteil zwölf Kilometer entfernt von der Botschaft, war bezugsfertig. Sie hatte 46 qm, davon 25 qm Wohnzimmer und 12 qm Schlafzimmer, der Rest entfiel auf Bad, Küche und Flur. Die monatliche Miete betrug 120 Dollar, im Winter plus 20 Dollar für Heizung. Sie lag in einem umzäunten Viertel namens UN-Village, wo nur diplomatisches Personal und Amerikaner wohnten, die bei ihren Truppen als sogenannte Zivilians arbeiteten. Da aber mein Umzugsgut noch nicht im Hafen eingetroffen war, erhielt ich die Genehmigung, zunächst weiter im Hotel zu wohnen. Der Bedarf einer Wohnung für mich war von der Botschaft schon Monate vor meiner Ankunft vorgemerkt worden. Dass es nun die Hälfte eines kleinen Doppelhauses mit Flachdach und kleinem Garten war, die frei wurde, und das auch noch auf einem Hügel direkt am Ufer des Han-Flusses, war echtes Glück. Es gab noch ein zweites solches Wohnviertel für Ausländer, nämlich Itaewon, das aber nicht so beliebt war. Beide hatten je eine von Sicherheitsleuten rund um die Uhr bewachte einzige Zufahrt. Mein neues Zuhause hatte Ausblick über Seoul. Ging man jedoch auf die andere Straßenseite, wo die Häuser am Abhang zu kleben schienen, hatte man einen fantastischen Blick auf das breite Tal des Han-Flusses. Die zweite Hälfte des Hauses mit der Hausnummer 51A bewohnte ein deutscher Feldwebel, der als Mitarbeiter des Militär-Attaches auch in unserer Botschaft arbeitete. Von ihm, der ein netter Kerl war, wurde ich bei Bedarf gern mitgenommen, denn mein Auto war noch nicht eingetroffen. In Seouls Innenstadt war zu Fuß laufen meist meine bevorzugte Fortbewegung, hin und wieder rief ich aber auch nach einem Taxi, einer äußerst billigen aber nicht immer bequemen Variante. Für Einheimische gab es noch die Straßenbahn, deren klapprige und meist übervolle Wagen aber eine gewisse Immunität gegen Seekrankheit erforderten, so alt waren die Gleise. Zudem war bekannt, dass die letzten drei von ehemals zehn Linien in den kommenden Jahren stillgelegt werden und der U-Bahn-Bau beginnen sollte.

Mitte Dezember wurde es immer kälter, so dass wir morgens um 9 Uhr nicht an unseren Schreibtischen saßen sondern uns im Zimmer von Herrn Botschafter Franz Ferring um seinen Schreibtisch herum versammelten und dick vermummt auf ihn warteten. Sobald er eintraf war seine erste Handlung der Gang zur Heizung, um sie zu befühlen.
„Zu kalt, das geht so nicht! Also wie gehabt, um 12 Uhr wieder hier treffen". Das betraf natürlich nur die Deutschen. Die Ortskräfte, so wurden die nicht aus Deutschland entsandten Mitarbeiter genannt, mussten frierend vor Ort bleiben. In Bonn konnte das niemand erfahren, denn Telefonate wurden aus Sicherheitsgründen nicht geführt. Lediglich Anrufe aus Korea musste Fräulein Jin, die Telefonistin und Empfangsdame, entgegennehmen und durfte eine eigene Ausrede erfinden, warum Herr XY nicht erreichbar sei. Wichtige eilige Kontakte nach Deutschland erfolgten ausschließlich per Funk, weshalb auf dem Dach große Antennen montiert waren. Jedes eilbedürftige Schreiben wurde vorher an einer kleinen Maschine, die gewöhnlich ich bediente, verschlüsselt und auf Lochstreifen übertragen. Aus diesem Grund gehörte ich zu den sogenannten Geheimnisträgern und war dafür speziell vereidigt, allerdings nicht bis zur höchsten Stufe. Die war aber hauptsächlich nur bei den Militärs der Botschaft notwendig, und die hatten eigene entsandte Bürokräfte.

Als der Botschafter von meinem Interesse an architektonischen und technischen Dingen erfuhr, wurde ich zu ihm gebeten und er schlug vor, dass ich die Vorbereitungen für den Umzug bewerkstelligen sollte, der für April geplant war. Mit Vergnügen Herr Botschafter, da komme ich doch ständig aus dem muffigen Büro raus und unter Leute, dachte ich vorsichtshalber nur für mich.

Marktgasse mitten in Seoul 1965

*Dolmetscher Herr Son (links) und Herr Um (rechts)
im Gespräch mit mir*

Das Deahan-Gebäude März 1965, noch unfertig, später Domizil der Botschaft im 9. Stock

Baustelle „Hochstrasse", mein Karmann im Hintergrund

Eskorte für Präsident Park...

...auf dem Weg nach Deutschland

Die schwarze gepanzerte Limousine

Militär-LKWs hinter der Eskorte

Erste Schritte in Seoul

Während meiner nun fast täglichen „Ausflüge" zum Dae-han-Haus kam ich auch immer am Duksoo Park vorbei (heute Deoksugung) mit seinen herrlichen alten Palästen und den vielen schönen Wegen und Pflanzen. Kurz vor Weihnachten, es lag ganz wenig Schnee und es war richtig kalt, aber blauer Himmel, machte ich einen Abstecher durch den Park. Dabei kam mir eine Mädchen-Schulklasse entgegen, alle in dunkelblauer Schuluniform, die aus langer Hose und knielangem Mantel bestand. Dazu trugen die Schülerinnen eine mützenartige Kopfbedeckung, es kann auch ein um den Kopf gewickelter schwarzer Schal gewesen sein, und eine Umhängetasche. Die sonst zur Uniform gehörenden Tornister hatten sie offenbar in der Schule gelassen. Die Damen waren geschätzte 16 Jahre alt und kamen wohl aus einer Höheren Schule. Da die Lehrerin mich unbekannterweise im Vorbeigehen grüßte, folgten ihr mit dieser Höflichkeitsgeste auch alle ca. 25 Mädels, und so konnte ich bei allen die Gesichter gut erkennen. Und sie meines wohl auch. Denn zwei Tage später, ich stand gerade vor meinem Hotel und dachte nach, was ich an diesem Spätnachmittag anstellen sollte, wurde ich von einer jungen Dame in Englisch angesprochen und gefragt, ob ich mich an die Schulklasse im Park erinnern würde. Erstaunt fragte ich, ob sie dabei gewesen sei und wieso sie mich wiedererkannt hätte. Sie lachte nur und war offenbar stolz, dass ich sie wegen ihrer fehlenden Schuluniform nicht sofort hatte zuordnen können. Da sie keine Anstalten machte weiterzugehen, fragte ich sie ob sie auf jemanden warte. „Nicht direkt", war ihre Antwort. So schlug ich vor, dass wir uns im Teesalon im Hotel-Tiefgeschoss weiter unterhalten, und sie willigte ein.

Teesalons, die es hier wie Sand am Meer gab, waren traditionell nur spärlich beleuchtet. Nicht jeder Ausländer wollte mit seiner weiblichen Begleitung sofort erkannt werden. Ich hatte das Gefühl, dass meine Begleiterin hier nicht zum ersten Mal Platz nahm. Doch ob ihrer charmanten Art und ihrem guten Englisch, dazu einem echt liebenswerten koreanischen Gesicht, und ihrer modernen westlichen Kleidung, war ich zu allen Schandtaten bereit. Es wurde dann aber mehr ein hochinteressantes Gespräch, nicht das, was ich zunächst vermutet hatte. Nachdem sie erfuhr, dass ich noch nicht lange im Land war, dazu ledig und weder Auto- noch Wohnungsbesitzer, klärte sie mich auch über sich auf. Sie war tatsächlich eine der 25 Schülerinnen gewesen und hatte schon mehrfach versucht herauszubekommen, wo ich wohl wohne oder arbeite. Dass ihr das gelungen war, zeigte mir, dass Seoul eben doch kleiner war als ich dachte. Oder war es einfach nur Glück oder göttliche Fügung? Ich erfuhr im weiteren Gespräch, dass sie als einziges Kind mit ihren Eltern nur höchstens 2 Kilometer entfernt wohnte. Ihr Name war Kim Hyung-Sook, den Vornamen spricht man Ji-un ßuk. Ich stellte ihr nur eine einzige Frage, die nach ihrem Alter. Denn so gut erkannte ich asiatische Gesichter nun doch noch nicht, um genau zu ersehen, wie alt jemand sein kann. Sie lachte und suchte nach ihrem Personalausweis, den sie mir dann reichte. Geboren am 11.11.1946 in Seoul, las ich, und nach einer Denkpause gratulierte ich ihr nachträglich zum 18. Geburtstag. Ich hatte sie jünger geschätzt, wohl auch wegen ihrer Größe. Sie reichte mir nur bis zur Schulter.

Nach einer guten Stunde wollte sie gehen und ich brachte sie noch bis zum Hapsung. Das waren 9-sitzige rote Minibusse, die man einfach vom Straßenrand aus mit Handzeichen heranwinkte. Hatten sie keinen Platz frei, rasten sie ohne Stop vorbei und zogen dabei oft eine dicke Diesel-Ruß-Wolke hinter sich her. Meist klappt es aber schon nach kurzer Zeit, dass einer mit der richtigen Zielnummer anhielt.

Neu verabredet hatten wir uns nicht, sie wollte es dem Zufall überlassen. Abends überlegte ich, was sie wohl in ihrem kleinen hölzernen Koffer, etwa so groß wie ein Toaster, gehabt haben könnte, den sie mit einem kurzen Ledergurt am Arm trug. Das würde ich sie bei einem Wiedertreffen bestimmt zuerst fragen.

Hyung-Sook mit ihrem Holzkoffer im Duksoo-Park

Lastenträger und letzte Straßenbahn in Seoul

Straßen-Scene in Yongsan

Weihnachten in Korea

Sehr kalt, kein Schnee in der Stadt, aber herrlich von der Sonne beschienene weiße Gebirge rund um die Stadt, so erlebte ich mein Weihnachten 1964 in der Ferne. Grüße meiner Mutter waren mit dem letzten Kuriersack eingetroffen, hoffentlich auch meine bei ihr. Edeltraut in Burgsteinfurt hatte auf meinen ersten Brief aus Seoul leider noch nicht geantwortet. Ich gebe zu, dass es mir nicht weiter schlimm vorkam.

Die ledigen entsandten Mitarbeiter der Botschaft, darunter auch mein Nachbar in spe aus dem Militär-Attache-Büro, waren von Herrn Schmidt und seiner Gemahlin in ihr Haus in Itaewon eingeladen worden, um gemeinsam den Heiligen Abend zu verbringen. Die überaus lustige Feier in urgemütlicher Atmosphäre begann schon gegen 16 Uhr und stand Weihnachtsabenden in der Heimat in nichts nach. Es wurde gemeinsam gesungen und reihum von Erinnerungen an Weihnachtsabende aus der Kindheit berichtet.

In einem Hochstuhl saß die dafür eigentlich schon viel zu alte dreijährige Tochter der Schmidts mit am Abendbrottisch. Sie unterhielt sich dabei auf koreanisch mit dem Dienstmädchen. Wie schnell ein Kind doch eine Sprache lernen kann, denn die Schmidts waren erst seit neun Monaten hier. Wenn ihre Mutter fragte, was denn Jil, also das Dienstmädchen, gerade gesagt habe, übersetzte das Töchterlein ohne zu zögern auf deutsch. Umgekehrt, wenn Frau Schmidt auf englisch sagte, Jil solle etwas aus der Küche holen, übersetzte der Nachwuchs das augenblicklich ins Koreanische mit bestimmendem Tonfall. Herrlich! Es wurde spät, ein Taxi brachte mich zurück zum Hotel.

Die nächsten 2 Tage waren frei, wir richteten uns nach dem deutschen Kalender. In Korea ist nur der 25. Dezember ein Feiertag. An diesem Tag, also meinem ersten Weihnachtstag, wollte ich nach dem Frühstück gerade das Hotel verlassen, als Hyung-Sook aus einem Taxi stieg. Sie erkannte mich und lief auf mich zu. Da sie dabei aber nicht unbedingt ein fröhliches Gesicht machte, war ich total irritiert.
„Endlich finde ich Dich, habe Dich schon tagelang gesucht und Dir heute einen Brief geschrieben. Den wollte ich jetzt an der Rezeption für Dich abgeben. Willst Du ihn haben oder soll ich ihn zerreißen?"
Ich wollte ihn haben, ließ ihn aber ungeöffnet und wir begaben uns auf einen Spaziergang. Es musste etwas passiert sein, ahnte ich, und so war es. Viel schlimmer als ich es ahnen konnte. Vor einer Woche war ihr Vater ganz plötzlich gestorben. Sie brachte diese Nachricht nur stotternd über die Lippen, ihr Englisch reichte dazu auch nicht in richtiger Form, wie auch? Ich hätte da wohl genauso versagt.

Schweigend und untergehakt, allein schon wegen der Kälte, wanderten wir über den Rathausplatz, vorbei am zugefrorenen Teich im Duksoo-Park, und immer weiter ohne Ziel bis uns so kalt wurde, dass wir nach einem Teesalon Ausschau hielten. Dort angekommen fragte ich sie, wann sie wieder nach Hause müsse, und wie es ihrer Mutter ginge. „Mutter ist bei ihrer Schwester auf dem Lande, gleich nach der Einäscherung ist sie schon auf ihr Anraten abgereist", antwortete sie. Allein zu Hause sei unerträglich, überall sähe sie ihren Vater, im leeren Sessel, vor der Kleidertruhe, einfach überall. Ihr Vater sei doch noch so jung gewesen, nur 19 Jahre älter als sie selbst. Sie würde in dem kleinen Haus keinen Schlaf bekommen und sie wisse noch nicht einmal, ob sie überhaupt je dahin zurück wolle. Nach langer Pause kam meine Frage, welche Alternative es gäbe. Wieder eine lange Pause.
„Wegen der Weihnachtsferien sind meine Freundinnen nicht erreichbar"
„Wie lange dauern die denn" fragte ich.
„Bis Mitte Januar". Wir schauten uns lange an. Ohne dass sie ein Wort sprach, wusste ich, dass sie ihren Vater sehr geliebt haben musste. Ich weiß nicht, ob meine tröstenden Worte, dass ich meinen Vater schon mit vier Jahren durch Ehescheidung verloren hatte, er aber noch lebt und ich ihn nie besuchen konnte, bei ihr irgendwie ankamen. Immerhin blieb ich bei klarem Verstand und fragte sie, wann sie das letzte Mal etwas gegessen hätte. „Schon lange her", meinte sie knapp.
„Dann komm mit", entgegnete ich ebenso knapp und zahlte den Tee.

Weil das Bando-Hotel näher lag als mein Chosun-Hotel nahmen wir ersteres ins Visier. Doch dann hatte Hyung-Sook die bessere Idee und wir kehrten in ein am Weg liegendes koreanisches Restaurant gleich hinter der Stadthalle ein. Da „störten" uns wenigstens keine uniformierten amerikanischen Gäste, die ich mit ihrem lauten Geschwätz beim Essen täglich in meinem Hotel ertragen musste. Ich ließ Hyung-Sook bestellen, lernte in kurzer Zeit wie man mit Stäbchen isst und war begeistert von unseren bestellten Gerichten. Hier legte ich wohl den Grundstein für mein bis heute anhaltendes Faible für die variantenreiche und delikate ostasiatische Küche.

Nach der Mahlzeit wechselten wir den Raum und es begann bei Kerzenlicht und auf Decken auf dem warmen Fußboden sitzend, mit den Rücken angelehnt an die Wände, ein langer schöner Nachmittag. Langsam gelang es mir, sie wieder zum Sprechen zu bringen und für Momente ihren Schicksalsschlag zu vergessen. Vor allem als ich sie fragte, was ihre Namen Hyung und Sook bedeuteten. Sie wusste es auf Anhieb, erklärte Hyung als ehrlich und Sook als rein, fügte aber hinzu, dass sie beide Namen nicht liebte. Zudem sei Hyung kein Vorname sondern ein Bestandteil des Familiennamens, denn wenn man Kim heißt, so wie besonders viele Koreaner, dann sei es verboten einen Partner zu heiraten, der den gleichen zweiten Familiennamen trage. Also seien alle Männer mit

Kim Hyung für sie tabu. Das gleiche Schicksal träfe auch alle Chang, Chung, Chong, Lee, Park und viele mehr. Ihre Freundinnen würden sie immer nur Sook nennen. Aber sie habe einen Namen, den nur ihr Vater zu ihr gesagt habe als sie noch klein war, nämlich SooRyun. Ich fragte wieder nach der Bedeutung und war nicht schlecht überrascht, dass es keine Bedeutung, sondern eine Übersetzung gibt, Wasserlilie.
„Darf ich Dich SooRyun nennen?" frage ich schüchtern. Ich durfte.
Nun war ich an der Reihe und sollte Ulrich erklären und ob ich weitere Vornamen hätte und was mein Hausname Brinkhoff denn bedeute. Alles sehr einfach, ‚Ul' ist so viel wie das Leben jeder einzelnen Person, das was man vererbt an seine Kinder, und ‚rich' bedeutet mächtig. Brinkhoff nannte man im Mittelalter einen Wohnplatz auf einer Anhöhe an einem Gewässer, aber da gibt es auch noch andere Deutungen. Ich ließ SooRyun meinen Dienstpass lesen, so gab es keine Geheimnisse mehr, ich hieß nur Ulrich und mein Alter hatte sie nun auch schwarz auf weiß, knapp 25 Jahre war ich auf der Welt.

Dass ich fast sieben Jahre älter war als sie, war das einzige, was uns damals außer unserer Herkunft unterschied. Beide waren wir Kriegskinder, beide hatten wir durch Glück die Kriegsjahre unversehrt überstanden, beide waren wir Einzelkinder. Sie war im dreijährigen Koreakrieg gerade mal drei Jahre alt und floh mehrmals mit den Eltern vor Kriegshandlungen. Eine Million Soldaten und 3 Millionen Bürger starben in jenen drei Jahren in Korea. Ich wurde im zweiten Weltkrieg geboren und war bei seinem Ende fünf Jahre alt, musste auch mehrmals flüchten. Die Opferzahlen kennen wir alle, sie übertreffen alles Vorstellbare. Beide haben wir als Kinder gehungert, und dennoch wurde etwas aus uns.

Es war spät, wir hatten die Zeit vergessen. Wir wollten uns nicht trennen, nicht jeder allein irgendwo den Weihnachtsabend verbringen. Ich hatte den Mut sie zu fragen, ob es eine schlechte Idee sei, zusammen bei mir weiter zu reden. Sie schien die Frage erwartet zu haben, denn ihre Antwort kam spontan.
„Lass uns vorher zu meinem Haus fahren, damit ich ein paar Sachen mitnehmen kann". So geschah es. Das Taxi hielt auf der Inwangsan-ro, einer großen breiten Hauptstraße, in Sichtweite des Dangun-Schreins im Sajik-Park. SooRyun verschwand eiligst in einer schmalen Gasse und ließ mich im Taxi warten. Es dauerte eine Weile bis sie mit einer dicken Reisetasche wieder auftauchte. Umgezogen hatte sie sich aber auch und trug jetzt einen bodenlangen Mantel, den ich noch nicht kannte.

Wir nahmen das Abendessen gemeinsam in meinem Hotel ein, danach begann die traurigste und trotzdem einmalig schöne Nacht, die ich nie mehr vergaß. Sie hatte keinerlei Hemmungen, verschloss nicht die Badezimmertür als sie sich ein Bad gönnte. Es war als würden wir uns schon lange kennen. Ich konnte meine Blicke kaum von ihr wenden, alles an ihrer Figur entsprach meinen kühnsten Vorstellungen. Bis auf die leichten O-Beine, aber die haben bestimmt 90 % aller Asiatinnen, jedenfalls soweit ich das bisher feststellen konnte.

Ohne viel Aufhebens baute sie sich das kleine Sofa, welches quer am Fußende meines Bettes stand, zu ihrer Schlafgelegenheit um. Sie ließ sich vom Zimmerservice – auf jedem Flur saß rund um die Uhr ein Diener und nahm die Wünsche der Gäste entgegen – noch zwei dicke Decken bringen und fragte mich, ob sie sich Mineralwasser bestellen dürfe und ob ich auch etwas wolle.
„Was immer Du gerne trinken möchtest, bestell es uns" sagte ich und fügte hinzu „Fühl Dich wie zu Hause".

Das tat sie und lief schon bald in einem weißen weiten bodenlangen Nachthemd herum, das, wenn sie vor der Schreibtischlampe entlangging, ihre aufregenden Konturen erkennen ließ. Als sie am Mini-Schreibtisch saß und mit einem kleinen Spiegel, den sie gegen den Aschenbecher gelehnt hatte, ein wenig Schönheitspflege und Selbstbetrachtung übte, trat ich hinter sie und wandte mich ihren pechschwarzen Haaren zu. Sie waren in einer Art längerer Bubikopf geschnitten, reichten hinten bis auf die Schultern, vorn seitlich nur bis zu den Ohrläppchen. Sie waren sehr sehr dick, also jedes einzelne Haar bestimmt drei mal dicker als meine Mähne, und völlig glatt ohne jede Welle. Da alle Schülerinnen in der Stadt genau so aussahen, vermute ich, dass es eine Art Anpassung an die Schuluniformen war, die hier seit ewigen Zeiten vorgeschrieben waren und somit lange Tradition. Zu wann und wie wir einschliefen nur so viel: Es kam mir alles wie im Märchen vor.

Am nächsten Morgen ließ ich sie ungeweckt weiter schlafen und mich verabredungsgemäß kurz in der Botschaft blicken. Dort lag für mich eine gute Nachricht, meine Umzugskiste war im Hafen eingetroffen und sollte am Montag vormittags in UN-Village angeliefert werden. Somit stand mir für Montag ein „freier" Tag zur Verfügung.

SooRyuns Samstag, mein zweiter Weihnachtstag, verging wie im Flug und das Märchen nahm seine Fortsetzung. Wir waren unterwegs über Märkte und durch Parks, auch wieder in Teesalons und im Hotel. Am Sonntag nach dem Mittagessen verabschiedeten wir uns. Sie wollte in ihrem Elternhaus nach dem rechten sehen und versprach, abends wieder zurückzukommen. Der Abschied verzögerte sich dann aber leicht, denn sie kam noch mal zurück, um mir zu versichern, dass Sie am Montag unbedingt beim Auspacken in UN-Village dabei sein wolle. Das sagte mir viel: Sie schien sich entschieden zu haben.

Als sie abends erst sehr spät wieder ins Hotel kam berichtete sie mir, dass ihre Mutter auch wieder im Haus angekommen war, aber zum Glück ihre Schwester, von der sie hergebracht worden war, überreden konnte zu bleiben und ein paar Tage mit ihr in Seoul zu verbringen. Es verlangte also niemand von SooRyun, daheim zu bleiben. Ihre Mutter war einverstanden, dass sie für ein paar Tage eine „Schulfreundin" besucht. Auch ich hatte eine gute Nachricht für uns beide. Gestern hatte der Botschafter verkündet, dass wir alle mit Begleitung beim Konzert von Yehudi Menuhin an Silvester in der Stadthalle dabei sein dürften, auf reservierten Plätzen in der zweiten Reihe. Soo, wie ich sie jetzt ungefragt einfach nannte – gesprochen scharfes S und u (ßu) – war begeistert. Sie hatte schon von dem Konzert dieses großen Violinisten gehört und hätte sich Eintrittskarten nie leisten können, obwohl sie klassische Musik sehr liebte. Für sie wurde also ein Traum wahr, „mein schönstes Weihnachtsgeschenk" sagte sie unverständlich für mich auf koreanisch. Ich musste betteln, um die englische Übersetzung zu bekommen.

„Frohe Weihnachten" auf koreanischer Weihnachtskarte

SooRyun 7-jährig mit Cousin

SooRyun 10-jährig mit Vater

SooRyun, 18-jährig, vor erster Nacht im Hotel

SooRyun, 16-jährig beim Schulsport

„Unsere" neue Wohnung

Lange standen wir zu zweit vor dem Haus UN-Village Nr. 51A und froren. Wir waren sehr früh da, um nicht zu spät zu kommen. Montag morgens ist der Verkehr noch nicht so dicht, das Taxi war in 20 Minuten bis UN-Village durchgekommen. Aber weder traf der Spediteur ein noch erreichte uns irgendeine Nachricht und wir Frierenden waren im Begriff zur Telefonzelle nahe dem Eingang der Wohnanlage zu laufen, den ganzen Berg wieder runter. Oder zum Hotel, das einen halben Kilometer entfernt oberhalb des Han-Flusses lag, aber auch noch innerhalb von UN-Village. Doch dann tauchte endlich der LKW beladen mit der großen Kiste unten am Berg auf. Das Ausladen war schnell erledigt, Soo übersetzte meine Anweisungen an die Träger, damit alles gleich an die richtigen Stellen kam. Es war ohnehin nichts Aufregendes im Umzugsgut, in Afrika hatte ich möbliert gewohnt und hier war nur die Küchen-Nische gut ausgerüstet und der Rest so gut wie leer. Drei große runde lederne Sitzpolster aus Sierra Leone warteten noch darauf, dass ich sie mit zerknülltem Zeitungspapier ausstopfe. Ein großes französisches Bett und einen zweitürigen Kleiderschrank für das Schlafzimmer, dazu zwei Drehsessel und einen Kacheltisch für das Wohnzimmer hatte ich in Hamburg gekauft und meiner Umzugskiste beigefügt. Natürlich auch einen gewissen Vorrat an Konserven und Pumpernickel in Dosen. Da hier 100 Volt der Standard war brachte ich keinerlei Elektro-Geräte aus Deutschland mit. Für die Lampen würde es lediglich neue koreanische Glühbirnen geben müssen, mein neues Kofferradio hatte ich längst mit zwei Handgriffen gleich nach Ankunft im Hotel umgestellt. Wir drehten noch die Heizung auf volle Pulle, prüften ob Strom, Wasser und der Kühlschrank funktionierten und wanderten lässig in Richtung UN-Village-Hotel zum Mittagessen.

Unterwegs fiel uns ein, dass wir keine Obst- und Gemüse-Vorräte hatten, nicht mal Reis, und bestimmt nicht dauernd in Restaurants oder Hotels essen wollten. So fuhren wir nachmittags in die Stadt zurück und kauften zusammen ein, was man so für Frühstück und kalte Mahlzeiten braucht, aber auch Ess- und Trinkbares für abends, falls Gäste kommen oder einfach nur so für uns. Komisch, wir waren uns bei allem total einig. Ich musste Soo sogar erinnern, dass sie bitte auch an ihren Geschmack und ihre Essgewohnheiten denken möge. Den Einkauf nahmen wir mit ins Hotel, wo uns unsere letzte Nacht mitten in Seoul bevorstand. Sie unterschied sich wenig von den vorhergehenden beiden Nächten.

Früh um acht Uhr nahmen wir das letzte gemeinsame Frühstück in diesem schönen Hotel, in welchem ich wahrlich gern gewohnt hatte. Dann gab ich ihr meinen Hausschlüssel und überließ ihr den Transport unseres Einkaufs von gestern Abend und machte mich auf den Weg zur Arbeit. Dort wartete die nächste gute Nachricht auf mich, mein Auto wurde für kommendes Wochenende in Inchon im Hafen erwartet. Ich würde es also wahrscheinlich am 4. Januar abholen können. Meine Stimmung war für heute gerettet, kein kaltes Büro konnte sie mir mehr verderben.

Als ich nach getaner Arbeit vor meinem Haus eintraf hörte ich Soo schon von draußen koreanisch singen. Sie begrüßte mich als würden wir hier schon ewig zusammen leben. Lachend berichtete sie, dass wir gestern beim Einkaufen nicht an Putzmittel gedacht hatten.
„Wenn`s weiter nichts ist" scherzte ich und fügte hinzu „Schlimmer ist, dass es hier oben keinen Teesalon gibt".
Das schien wiederum für sie kein Problem zu sein.
„Unten am Berg habe ich aber einen gesehen, und wenn der geschlossen hat, werden wir schon einen anderen finden".
Wir räumten dann aber erst mal weiter Umzugskartons aus, bauten das Bücherregal auf und diskutierten darüber, wie die Möbel im Wohnzimmer stehen sollten. Der Parkettfußboden in mitteldunkel sah langweilig aus, also beschlossen wir den baldigen Kauf eines Teppichs. Der offene Kamin war zwar zweckmäßig, es lag sogar Holz gestapelt im Garten vom Vormieter, doch eine Mischung aus schwarzen Betonsteinen im Bereich der Feuerstelle und dunkelrotem künstlichen Klinkerersatz mit rot gestrichenen Fugen im oberen Teil weckten nicht gerade Begeisterung bei mir. Nur auf dem Absatz dazwischen in Brusthöhe befand sich genügend Platz für Familienfotos und sonstigen Klimbim. Vor die Klinkerimitation hängte ich mein Lieblingskunstwerk, einen Original-Holzschnitt von „Lüchtringen im Schnee", den mir der Holzmindener Künstler Prof. Albert Koch geschenkt hatte, als ich ihn für meine Schulabschlussarbeit über die lebenden Künstler im Kreis Holzminden besucht hatte. Mein Stiefvater, von Beruf Tischler, hatte ihn mit hellem Lindenholz gerahmt, ich hing an diesem Stück Heimat.

Es gab zwischen unserem Wohnviertel und Itaewon tatsächlich mehrere Teesalons. Wir brauchten höchstens 15 Minuten bis dorthin und wunderten uns dann sehr, dass gleich im Eingangsbereich auf einer großen Pinnwand zahlreiche Plakate und Spickzettel einen Überblick auf das kulturelle Programm von Seoul boten. Auch Jehudi Menuhins Plakat war zu sehen. Alles überwiegend in englischer Sprache, also wirklich hilfreich für mich als Neuling in dieser 3-Millionen-Metropole. Bestimmt würde ich öfter auf diesen Service zurückgreifen wollen.

Tags darauf in der Botschaft sprach ich Herrn Thier auf unsere Antennenanlage an. Mich interessierte, wie die Technik am neuen Botschaftsstandort aussehen sollte. Wie erwartet hatte er darüber noch gar nicht nachgedacht und gab mir alle Freiheit, die technischen Einzelheiten herauszufinden. Das hielt ich aber nicht für nötig sondern machte ihm klar, dass die alte Anlage auf dem Dach einen Umzug kaum überstehen würde, zudem veraltet war. So bekam ich den Auftrag, mich um eine moderne neue Anlage zu kümmern. Ich machte eine maßstabgerechte Zeichnung vom Dach des Daehan-Gebäudes und meinen Vorstellungen einer modernen Antenne. Die erhielt bis rauf zum Botschafter volle Zustimmung und wurde prompt nach Bonn geschickt, zusammen mit dem Antrag für eine Neuanschaffung.

Die Sache gab mir enormes Selbstvertrauen und ich ließ mir vom Bauführer Grundrisse des neunten Stockwerks im Daehan-Gebäude geben, um damit einen Plan für die Zimmeraufteilung zu erstellen. Das Gebäude stand nur als Skelett, wie es Architekten nennen, es hatte nur Betonpfeiler und die Außenwände mit den bodentiefen Fenstern, aber ohne Innenwände. Mitten drin gab es nur das Treppenhaus und die Fahrstuhlschächte.

Nach Dienstschluss folgte ich einer Einladung der Wirtschaftsabteilung, für die ich gelegentlich auch zu arbeiten hatte. Als ich deshalb erst abends zuhause eintraf, lag ein Zettel auf dem Tisch.
„Bin bei meiner Mutter, hole noch Sachen für das Menuhin-Konzert. Bis nachher. Love Soo"
Ziemlich spät in der Nacht, ich hatte schon nicht mehr mit ihr gerechnet, klingelte meine Türglocke. Ein mir unbekannter Europäer, offenbar Mitbewohner von UN-Village, rief mir durch sein Auto-Seitenfenster zu „Unten steht eine Koreanerin, die zu Ihnen will".
Die Wachleute im Eingang hatten Soo nicht durchgelassen und so musste sie warten bis sich jemand bereit erklärte, mich zu benachrichtigen. Sie war ziemlich durchgefroren. Irgendwie blöd, dass die Wohnungen hier kein Telefon hatten.

Am nächsten Tag war in der Botschaft viel Trubel wegen des Konzerts von Yehudi Menuhin. Ein weltbekannter Musiker kommt nicht alle Tage nach Korea. Ich hörte mich noch bei Kollegen um, wie man gekleidet zu sein hätte und erfuhr, dass es da keinerlei Vorschriften gäbe. Soo hatte offenbar die gleichen Gedanken gehabt, denn als ich zuhause ankam, stand sie in koreanischer Nationaltracht vor mir.
„Was sagst Du? Passt das zum Konzert?"
Was sollte ich antworten? Ich hatte sie so vorher nie gesehen. Frauen in Nationaltracht kannte ich nur von Hochzeitsfeiern im Hotel und touristischen Aktionen vor dem Duksoo-Park. Nach kurzer Denkpause wurde mir klar, dass es eine geniale Idee von ihr war. Schließlich war sie eine Schülerin, mit der ich vor allen Leuten und meinen Kolleginnen und Kollegen auftauchen würde. Jede andere Bekleidung hätte einfach nicht gepasst.

Überpünktlich kamen wir vor der Stadthalle an. Zum Glück standen in der Vorhalle schon Kollegen, zu denen wir uns gesellten. Es gab eine lange gegenseitige Bekanntmachungsrunde, von den Partnern und Ehefrauen kannte ich bisher nur Frau Schmidt, alle anderen lernte ich hier erstmals kennen. Soos Tracht war natürlich sofort das Nr. 1 Gesprächsthema. Ihr gutes Englisch und einige Versuche mit der deutschen Sprache taten ein Übriges. Als der Botschafter mit Gattin eintraf winkte er nur kurz in unsere Richtung und deutete an, dass wir Platz nehmen sollten.

Einzelheiten des Konzerts des Meisters vor mehreren Tausend Gästen in dieser großen Halle sind mir nicht mehr in Erinnerung. Ich weiß nur noch, dass es sehr viel Applaus gab, bei Ankündigung der Pause sogar stehend.

Botschafter Ferring teilte uns mit, dass der Empfang am Nachmittag sehr aufschluss- und lehrreich war und er jetzt hier auch während der Pause sitzen bleiben werde, um seine gute Meinung über die Ereignisse nicht durch dumme Fragen anderer Diplomaten draußen im Foyer zu gefährden. Frau Ferring hingegen ließ es sich nicht nehmen, den Neuling in der Runde, also Soo, nicht nur nach ihrer Meinung zum Konzert, sondern vieler anderer Sachen zu befragen. Ich räumte meinen Stuhl, damit sie sich neben Soo setzen konnte und kam dadurch in den Genuss, für kurze Zeit neben Botschafter Ferring zu sitzen und von ihm in ungefähr die gleichen Gesprächsthemen verwickelt zu werden. Vor allem interessierte ihn, wie ich Afrika erlebt hätte, aber auch wie ich so schnell an eine koreanische Begleitung gekommen wäre. Meine sehr ausführliche Antwort zu Afrika und das Klingeln der Glocke, die das Ende der Pause verkündete, ersparten mir mögliche Lügen bezüglich der zweiten Frage. Die Wahrheit hätte er sowieso nicht geglaubt.

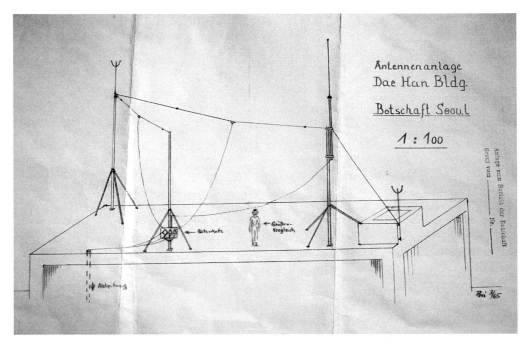

Meine Skizze für die Antennen auf dem Daehan-Gebäude

Der zugefrorene Han-Fluss unterhalb von UN-Village

SooRyun dekoriert unser Haus mit koreanischem Kalender

1965 beginnt

Uns stand wieder ein richtig langes Wochenende bevor. Der erste Januar, ein Freitag, ist auch in Korea Feiertag, der Samstag danach aber nicht. Die Botschaft hatte diesen Samstag nur Notdienst, ich war nicht eingeteilt. Mein Vorschlag an Soo, dass sie mir ihre Mutter vorstellen möge, kam bei ihr nicht gut an. Das Thema war ohne Diskussion vom Tisch. Sie schlug stattdessen vor, wir sollten zusammen per Bus nach Walker-Hill fahren. Ich hatte keine Ahnung was das ist. Also ließ ich mich aufklären. Ein Ausflugszentrum der feineren Art, 15 km flussaufwärts an einem Steilhang gelegen, ähnlich wie UN-Village.

Wir liefen den Berg runter zur bewachten Einfahrt von UN-Village und änderten unsere Meinung bezüglich Busfahrt, denn dort standen gleich vier auf Kunden wartende Taxis. Soo erklärte unser Fahrziel und wollte den ungefähren Preis vorher wissen. Dann fragte sie mich, ob drei Dollar ok seien. Was sind schon 12 DM für eine halbe Stunde Taxifahrt, dachte ich, und gab grünes Licht.

Wir waren erst höchstens zwei Kilometer gefahren, als Soo dem Taxifahrer zu verstehen gab, er möge an einer Telefonzelle anhalten.
„Bin gleich wieder da" und weg war sie. Es dauerte und dauerte, sie schien mehrere Gespräche zu führen. Als es weiter ging und ich sie fragend ansah, lachte sie nur und das hieß bei ihr immer „Abwarten!".
Das Taxi stoppte vor einem modernen dreigeschossigen quadratischen Glaskasten. Hotel, Restaurant, Aussichtsterrasse, war an der Fassade auch in englischer Sprache zu lesen. Ein dicker Stein mit einer Bronzetafel half mir, meinen Wissensdurst über diese Anlage zu befriedigen. Erbaut 1963, benannt nach General Walton Harris Walker, der im Koreakrieg die UNO-Truppen befehligte, von nordkoreanischen Truppen „rückwärts", also südwärts bis fast ins Meer geschoben wurde und nur noch einen winzigen Brückenkopf bei Pusan halten konnte, bis amerikanische Truppen aus Japan zu Hilfe kamen. Südkorea wurde zurückerobert, selbst gegen die militärische Unterstützung Nordkoreas durch die Chinesen. Am 23. Dezember 1950 starb der 61-jährige General in seinem Jeep nahe Seoul bei einem frontalen Verkehrsunfall mit einem zivilen LKW. Dies Freizeitzentrum wurde ihm zum Dank und Gedenken „Walker-Hill" getauft.

Wir bummelten durch den Park, vorbei an der Eissporthalle, Spielsalons, kleinen und großen Hotels und vielen Kinderspielplätzen. Die Aussicht auf eine riesige Schleife des Han-Flusses war atemberaubend. Das klare Wetter erlaubte eine Fernsicht bis an die Gebirgskette vor der Ostküste Koreas. Soo erläuterte mir, dass Walker-Hill gerade noch zu Seoul gehört, und die nächste Stadt in Sichtweite Guri heißt und Teil der Provinz Gyeonggi-do ist. Dann schaute Soo auf ihre Armbanduhr und wollte unbedingt sofort dahin zurück, wo wir aus dem Taxi ausgestiegen waren. Das war die Überraschung, die sie sich für mich ausgedacht hatte. Ein bisschen Eigennutz schien aber auch dabei zu sein. Sie hatte nämlich ihre beste Schulfreundin Eun-Sook (gesprochen un ßuck) vorhin am Telefon offenbar überreden können, auch nach Walker-Hill zu kommen, und da stand sie schon auf uns wartend. Soo fing an zu rennen und dann lagen sich beide minutenlang in den Armen, mal lachend mal weinend, der Tod von Soos Vater überschattete dies Wiedersehen unübersehbar. Nachdem ich der gleichgroßen und ähnlich hübschen Person vorgestellt worden war, ließen wir uns im gläsernen beheizten Wintergarten des Hotels nieder, tranken Tee und orderten Snacks. Dabei waren auch hauchdünn geschnittene Tomatenscheiben, welche von meinen Begleiterinnen mit Zucker überstreut und mit zahnstocherähnlichen Stäbchen aufgespießt und verzehrt wurden. Ich musste zugeben, Tomaten schmecken auch gezuckert lecker. Dass wir sie in Deutschland salzen, war den beiden ebenso neu wie mir das Zuckern. Es folgte ein interessantes Gespräch über koreanische und deutsche Speisen. Es wunderte mich schon sehr, wie gut diese jungen Schülerinnen über deutsches Essen informiert waren. Es gab nur wenige Einwände meinerseits zu ihren Theorien und Fakten.

Da die Damen keinerlei Anstalten machten, den Ort zu wechseln und ich nicht fragen wollte, wie wir den Tag weiter verbringen würden, sie außerdem offenbar von den Snacks satt waren, während mir langsam der Magen zu knurren anfing, ließ ich sie allein mit der Ausrede, draußen Fotos machen zu wollen. Es waren inzwischen Busladungen von Ausflüglern eingetroffen, dazu viele Amerikaner in Uniformen. Man könnte diesen Hügel wohl auch gut und gerne einen Wallfahrtsort nennen. Ich kaufte an einem Kiosk eine Tüte Erdnüsse und wanderte noch mal eine halbe Stunde auf schmalen Wegen entlang des Steilhangs, wo ich mit Soo noch nicht gelaufen war, und kehrte dann zu den Damen zurück. Mein Vorschlag, nach Seoul zurückzufahren und dort zu Abend zu essen, weil es hier viel zu überlaufen war, fand Zustimmung. Im Taxi ging die rege Gesprächstätigkeit der beiden ungebremst weiter, derweil ich die Fahrt durch neue unbekannte Gegenden genoss. Überall waren die Leuchtreklamen schon angeschaltet und reflektierten im Straßenbelag. Es hatte leicht zu schneien angefangen.

In einem winzigen Restaurant nahe Soos Elternhaus, es gab höchstens 6 Tische, die aber alle belegt waren, aßen wir äußerst leckere Speisen. Auch der Reiswein schmeckte edel. Weil ich die Gespräche nicht verfolgen konnte, ich von den Damen auch nicht verlangen wollte, dass sie mir zu Liebe englisch sprechen mögen, studierte ich die Gesichter der anderen Gäste, deren Kleidung und die einfache aber für mich fremde und gleichzeitig interessante Dekoration des Raumes.

Fast zwei Stunden waren wir hier, als Eun-Sook sich verabschiedete und Soo mir sagte, dass sie nur 10 Minuten zu Fuß entfernt wohnte. Sie war erst gestern vom Weihnachtsurlaub auf dem Land mit ihren Eltern zurückgekehrt. Soo hatte also viel Glück gehabt, sie heute telefonisch erreicht zu haben. Ein Taxi brachte uns zurück nach UN-Village.

Am nächsten Morgen, dem 3. Januar, einem Sonntag, wir hatten lange geschlafen, schneite es. Wir beschlossen, zuhause zu bleiben und Musik zu hören und zu lesen. Ich besaß immerhin eine gut bestückte Sammlung von Taschenbüchern. Gleich mehrere darunter waren von Hans Fallada, so auch nahezu alle Werke von Gabor von Vaszary, aber auch das Alexandria Quartet von Lawrence Durrell, das ich schon mindestens fünf mal gelesen hatte und mir nie langweilig wurde. Dank meiner zwei Jahre im englischsprachigen Sierra Leone waren auch englische Werke zu finden, so von Pearl S. Buck „Das geteilte Haus" und „Eine Liebesehe" Soo entschied sich dennoch zunächst für Bildbände über Deutschland und meine Heimat im Weserbergland. Dabei stellte sie mir immer wieder Fragen, wollte manches auch auf deutsch wissen, aber nicht alles konnte ich ihr beantworten.

Nachmittags, es schneite immer noch, gelang es mir dann endlich, meine Stereo-Anlage samt Plattenspieler zum Laufen zu bringen. Mit klassischen Werken, von Soo ausgesucht, ging der Tag zur Neige. Der erste Tag in Korea, an welchem ich nur mit einer einzigen Person gesprochen hatte.

Endlich kommt mein Auto an

Das Taxi ließ ich für einen kurzen Moment vor der Botschaft halten, lief rauf um die Papiere zu holen, und weiter ging es zum Hafen in Inchon. Es schneite nicht mehr, hier war auch kein Schnee liegen geblieben, zu warm das Wasser des Chinesischen Meeres. Soo, die mitgekommen war, erzählte mir im Taxi von heißen Tagen in ihren Sommerferien, die sie mit Schulfreundinnen auf den vorgelagerten Inseln am Strand verbracht hatte. Die Inseln, alle mit vorzüglichen Sandstränden gesegnet, haben ungewöhnliche Namen. „Achtschwänzige Katze" oder „Langer dünner Hals" sind zwei davon.
Den Lagerschuppen, in welchem mein weißer Karmann auf mich wartete, hatten wir schnell gefunden. Mehr Zeit hatte es gebraucht, dem Zollpersonal am Hafeneingang klar zu machen, dass bei diesem nasskalten Wetter bitte das Taxi mit uns hineinfahren durfte. Wer will schon gern zwei Kilometer durch Hafengebiet laufen und einen Lagerschuppen suchen, bei dem dann unter Umständen niemand zu finden ist, der uns das Auto aushändigt. Alle schlimmen Vorahnungen lösten sich aber schnell in Luft auf. Nach einer Stunde konnten wir das Taxi bezahlen und wegschicken. Wir hatten einen Ersatzkanister mit fünf Litern Benzin dabei, das wir einfüllten. Auch die Batterie spielte mit, wir brauchten unseren Zweisitzer nicht anzuschieben. Der Motor lief gut, allen Befürchtungen meiner Arbeitskollegen zum Trotz, die mich immer wieder gewarnt hatten vor minderer Spritqualität. Selbst die kürzlich eröffnete erste koreanische Raffinerie bei Pusan, vorher wurde alles von Japan importiert, würde nur schlechtes Benzin produzieren, waren ihre Kommentare. Diesel allerdings gab es schon immer aus koreanischer Herstellung, 95 % aller Fahrzeuge wurde damit betankt, beim koreanischen und amerikanischen Militär sogar 100 %.
Wir machten noch eine Stadtrundfahrt, tankten unterwegs voll, gingen essen und feierten dann zu zweit in unserem Haus das tolle Ereignis. Soo wusste vorher nicht, dass es ein Zweisitzer sein würde. Ich hatte über mein Auto vorher mit ihr nie gesprochen.

Der Januar brachte keine weiteren besonderen Ereignisse. Soo wohnte wieder bei ihrer Mutter, denn die Tante war in ihr Zuhause auf dem Lande abgereist. Für Soo war wieder Schule wichtig, die Schuluniform hatte die persönliche Kleidung ersetzt. Wir sahen uns sporadisch und nur, wenn sie mich in der Botschaft vorher angerufen hatte. Zur Arbeit fuhr ich im Wechsel mit meinem Hausnachbarn, eine Woche ich in seinem Auto mit, dann eine Woche er mit in meinem, denn Parkplätze im Botschaftsbereich waren rar. Hauptsächlich arbeitete ich an Entwürfen für die Verteilung der Zimmer im Daehan-Gebäude. Der Bauführer saß mir im Nacken, in allen anderen Stockwerken standen die Wände schon. Ich wollte aber keinen Fehler machen und vertröstete ihn ständig mit immer neuen Ausreden. Die beste davon war, dass die Einheitstürbeschläge mit den japanischen runden Knaufgriffen, wie sie in Hotels üblich waren, für eine diplomatische Vertretung keine Sicherheit böten. Da er keine anderen anbieten konnte, orderte ich deutsche Türangeln und Sicherheitsschlösser mit Türgriffen per Luftfracht, natürlich mit voller Rückendeckung vom Botschafter. Die würden aber erst im Februar eintreffen, was dem Bauführer nicht unbedingt gefiel. Immerhin konnte ich ihm Ende Januar meine von Botschafter und Kanzler als „gut gelungenen" kommentierten und von der Bundesbaudirektion Berlin kommentarlos abgestempelten Grundrisse übergeben, nach denen er nun die Wände mit den genauen Türbreiten und -höhen und Abständen zu Pfeilern und Außenwänden mauern lassen konnte. Vorher hatten alle Bediensteten sich die Pläne angeschaut und wussten nun, wo und wie groß ihre künftigen Arbeitszimmer sein würden. Keiner hatte Bedenken, denn alle bekamen bessere Arbeitsbedingungen, zusätzlich würde es einen Kinosaal und einen großen Konferenzraum geben. Der fehlte bisher total und Konferenzen mussten in Teesalons in der Nachbarschaft oder in Hotels abgehalten werden. Dem Bauführer versprach ich, bald auch die Elektropläne nachzureichen.

An einem dieser Tage war ich auf dem Weg zum Bando-Hotel für eine Besprechung, als ich auf der anderen Straßenseite SooRyun stehen sah, im Gespräch mit einem amerikanischen Soldaten in Uniform. Sie trug Schuluniform, stand mit dem Rücken zu mir und erkannte mich nicht. Erst wollte ich stehen bleiben und abwarten, doch war ich knapp in der Zeit und eilte weiter. Mein Gehirn arbeite auf Hochtouren, den ganzen Tag und bis in die Nacht. „Zufällig getroffen" schied bei mir aus, denn ihre Schule und ihr Elternhaus waren weit weg. Eigentlich wäre morgens auch Schule gewesen. Auch am nächsten Tag in der Botschaft konnte ich keinen richtigen Gedanken fassen. War sie vielleicht doch eine Spionin, auf mich angesetzt? Oder überschätzte ich mich jetzt selbst in meiner Verwirrtheit? Sollte ich den Kanzler informieren? Ich hatte schließlich unterschrieben, alle ungewöhnlichen Ereignisse immer dem Vorgesetzten zu melden, auch solche die sich vordergründig als banal darstellten. Spione sind schließlich keine Anfänger.

Ich beschloss, abzuwarten und erst das nächste Treffen mit Soo hinter mich zu bringen und sie dabei besonders gut zu beobachten. Als sie endlich anrief und mir berichtete, dass es für Seollal zwei Tage schulfrei gäbe und sie mich gern wieder in UN-Village besuchen wolle, war ich zunächst erleichtert. Sie erklärte mir genau die Stelle, wo ich sie am Montag um 18h abholen sollte, also am Abend vor Seollal. Als ich auf dem Stadtplan bemerkte, dass das ein komplett neuer mir unbekannter Punkt in der Stadt war, nicht wie üblich in der Nähe ihres Elternhauses, wurde ich wieder skeptisch. Ich wusste, dass Seollal das Neujahrsfest nach dem Mondkalender ist und dass es jedes Jahr anders fällt. Dieses Jahr war das der 2. Februar, ein Dienstag. Viele, aber nicht alle

Koreaner feiern Seollal mit der Familie, auch wenn sie weit entfernt wohnt. Dazu legen die Frauen traditionell sehr bunte altkoreanische Trachtengewänder an, die Männer sieht man viel in weißen Jacken und Pluderhosen und mit breitkrempigen schwarzen Hüten. Zum Erntedankfest im Spätsommer, das sich koreanisch Chuseok nennt, ist die Reise zur Familie aber unbedingte Pflicht und das Reiseaufkommen führt dann immer zu einem regelrechten Verkehrszusammenbruch. Das war jetzt bei Seollal nicht zu erwarten. Auch wenn an diesem Tag nach koreanischer Tradition alle ein Jahr älter werden, also nicht am eigentlichen Geburtsdatum, findet keine Geburtstagsfeier statt sondern das Neue Jahr wird begrüßt. Es gibt aber auch moderne Familien, die Neujahr und Geburtstage auf westliche Weise feiern. Knallerei allerdings hat auch in Korea eine lange Tradition, am besten sowohl am 1. Januar wie am Seollal.

Am Treffpunkt erwartete Soo mich in Schuluniform, was mich schon wieder schwer wunderte. Doch ihre Erklärung war mehr als einleuchtend, denn wir standen vor einem Hospital. Dahin hatte die Lehrerin heute den Unterricht verlegt, weil die Aufmerksamkeit für einen geordneten Unterricht an einem Montag vor Seollal stark eingeschränkt gewesen wäre. Stattdessen gab es eine Besichtigung einer medizinischen Einrichtung, denn Mitte des Jahres würde für viele Mitschülerinnen das Berufsleben beginnen, sofern sie nicht - wie Soo es plante - ein Universitätsstudium anstrebten.

Soo lud ihre Reisetasche mit den Zivilklamotten auf die hintere Sitzbank, an die man nur durch Vorklappen der vorderen Sitze gelangte und die sehr eng und spartanisch war, eine Art Notsitze. Hatte man viel Gepäck, wurde es unter der vorderen großen Haube verstaut, dort wo andere Autos den Motor haben. Den hatten die Ghia 34, wie alle VWs, hinten.

Ich überlegte kurz, ob ich sie auf ihr Gespräch neulich auf der Straße mit einem Soldaten ansprechen sollte, ließ es aber doch besser sein. Zu groß die Gefahr, dachte ich so bei mir, dass Seollal für uns kein Fest sondern ein Desaster werden könnte. Was ich aber doch gern von ihr wissen wollte, waren ihre Pläne nach Ende der Schulzeit. Immerhin stand das für den Sommer bevor. Sie hatte ziemlich klare Vorstellungen, und die waren sogar noch zu Lebzeiten ihres Vaters festgezurrt worden. Ihr Vater war Kriminalpolizist gewesen und hatte in weiser Voraussicht gute Kontakte zur Leitung der Sook-Myung-Womens-Universität gepflegt. Ein Ergebnis gab es noch nicht, die Zulassungen würden frühestens im Mai bekannt gegeben, versicherte mir Soo und blieb dabei ganz ruhig.
„Und was wenn es nicht klappt?" warf ich ein.
„Dann kann man ein weiteres Schuljahr anhängen, das machen viele, das ist so üblich, und nach einem weiteren Jahr Oberschule klappt es zu 99 % mit der Uni." Keine Aufregung also, sie hatte alles im Griff. Nach Ihren Leistungen und Beurteilungen im der-

zeitigen Unterricht fragte ich sie erst gar nicht, denn ich wusste von unserem Kulturmenschen in der Botschaft, dass unsereiner durch koreanische Schulangelegenheiten ohnehin nicht durchsteigen würde. Alle Kinder gehen dort zunächst sechs Jahre zur Grundschule, dann bei Eignung drei Jahre zur Mittelschule und danach drei Jahre auf die Oberschule. Weniger erfreulich war für mich, dass alle Mischlingskinder, und davon gibt es wegen der vielen Amerikaner im Land nicht wenige, gesetzlich vorgeschrieben auf die sogenannten Mixed-Blood-Schools gehen müssen.

*SooRyuns Klasse im Schuljahrabschluss-Buch.
SooRyun und Freundin Eun-Sook nebeneinander, untere Reihe 2. und 3. v. r.*

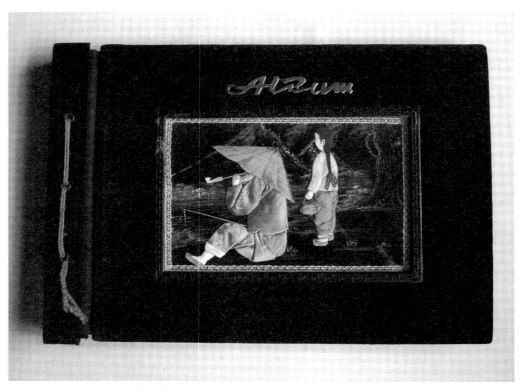

Vorderseite eines koreanischen Fotoalbums

Das chinesische Neujahrsfest

Nach dem Abendessen fragte ich Soo, ob sie am nächsten Morgen nicht zu ihrer Mutter müsse, um zum Neujahr zu gratulieren. Ich hatte von meinen koreanischen Arbeitskollegen gehört, wie sie sich über diese Sitte unterhielten. Soo klärte mich auf, dass es stimmte, sie aber nicht zur Mutter müsse, weil diese selbst weggefahren sei um ihrer Familie zu gratulieren. Soo kannte diese Familie kaum, sie hatte immer nur die Verwandten ihres Vaters besucht. Nur diese waren in ihren Augen richtige Großeltern.

Nach dem Frühstück packte Soo ihre Reisetasche mitten im Wohnzimmer komplett aus und zeigte mir stolz ihre Garderobe. Das waren echt schöne Kleider, schick und bestimmt nicht aus billigem Stoff. Auf mein Bitten hin wurden sie mir vorgeführt, Soo posierte wie auf einem imaginären Laufsteg, sie hatte Talent dafür. Das stellte ich noch mehr fest, als ein Bunny-Kostüm, wie man es aus dem Playboy-Magazin kennt, an der Reihe war. Quasi ein einteiliger Badeanzug, vorn geschnürt, aber aus edlem dunkelroten Seidenstoff. Dazu gehörte ein Stirnband aus gleichem Material und mit zwei langen Hasenohren bestückt. Dies war das letzte Vorführ-Objekt und sie behielt es erst mal an. Das ermunterte mich, meinen Fotoapparat auszupacken und ohne ein Wort von mir nahm sie entsprechend verführerische Positionen ein. Ideen dazu hatte sie offenbar genug und ich vermutete, dass sie das nicht zum ersten Mal machte, fragte aber vorsichtshalber nicht weiter nach. Ich machte mich ans Kochen, Spagetti mit Tomatensoße, dazu Gurken aus dem Glas. Soo blieb bis zum Mittagessen so aufreizend angezogen, ließ sich dann aber doch überreden, bei Tisch wieder „gesittet" anzutreten. Wir beschlossen, ausnahmsweise einen Mittagsschlaf zu halten, denn der Abend würde bestimmt lang werden.

Wir hatten Karten für eine Feier mit Musik, Tanz und allem Drumherum geschenkt bekommen. Eingeladen war eigentlich unser Militär-Attache, der die Karten aber wegen einer eigenen privaten Party an mich weitergab. Gastgeber war der Chef der UNO-Truppe, ein amerikanischer General-Leutnant, so dass in der üppig dekorierten Sporthalle viele Uniformen und nur wenige Gäste in zivil zu sehen waren. Weibliche Wesen waren unterrepräsentiert und davon wiederum die meisten überschminkt. Wir brauchten lange, bis wir einen Platz gefunden hatten, der für SooRyun akzeptabel war und sie nicht auf eine Stufe mit diesen Damen stellte. Ein 6er-Tisch, an dem sie die einzige weibliche Person war, löste dies Problem. Wir hatten schnell Kontakt mit den Tischnachbarn, blieben aber trotzdem nur bis nach dem Essen, das als Buffet zur Selbstbedienung bereit stand. Nur die Getränke wurden von koreanischen Obern an die Tische gebracht. Einzig die Militärkapelle konnte mich überzeugen und spielte nicht schlecht, doch insgesamt gesehen hatte ich mehr erwartet. Zum Glück hatten wir uns nicht besonders in Schale geworfen und konnten somit einfach verschwinden. Vor dem Bando-Hotel war zufällig ein Parkplatz frei. Ich ließ Soo kurz im Auto allein, um zu sondieren, ob hier eventuell mehr los war. In der Bar spielte eine koreanische Band, die Gäste sahen unverdächtig aus, es waren immerhin einige westlich gekleidete Frauen anwesend. Ich holte Soo und wir lauschten dem Trio, das abwechselnd moderne und konservative amerikanische Klänge zum besten gab. Zu den modernen gehörten Titel wie „If I had a hammer" von Trini Lopez und „Sweets for my Sweet" von den Saerchers. Wie es der Zufall wollte unterhielten sich am Nebentisch zwei Herren auf deutsch. Ich sprach sie an, es waren Geschäftsleute eines deutschen Herstellers für Großwebstühle. Wir rückten die Tische zusammen und plauderten von da ab auf englisch, so dass Soo sich am Dialog beteiligen konnte. Sie war inzwischen kurz bei der Band gewesen und die spielte prompt ihr Lieblingslied „Blowing in the Wind" von Peter, Paul und Mary. Für mich war interessant zu hören, was deutsche Verkäufer nach zwei Wochen Aufenthalt in Korea über dies Land dachten. Alle Achtung, da stand mir ja noch sehr viel Interessantes bevor. Gegen Mitternacht machten wir uns auf die Rückfahrt. Wir brauchten lange, die Straßen waren sehr glatt.

Der nächste Tag war noch schulfrei, SooRyun nutzte den Vormittag für Hausaufgaben. Nachmittags fuhren wir nach Yongsan, einem Vorort direkt am Han-Fluss gelegen, und besuchten das „Sascom Theater No.2", ein Kino auf dem Areal der 8. US-Armee, in das auch Angehörige ausländischer Institutionen eingelassen wurden. An den Filmtitel erinnere ich mich nicht mehr, nur daran, dass wir danach noch gleich nebenan in einer Militär-Kantine einkehrten und überraschend Bekannte trafen, die in der amerikanischen Botschaft arbeiteten und die ich im Chosun-Hotel kennen gelernt hatte. Sie berichteten, dass sie inzwischen auch in ein gemietetes Haus gezogen seien, nicht weit entfernt von unserem. Also luden wir uns gegenseitig zu einem gelegentlichen erneuten Treffen ein. Ungezwungen, wie bei Amerikanern meist üblich, saßen wir eine ganze Weile zusammen, sie tranken Bier, wir Orangensaft. Als sie uns zum Abendessen an Ort und Stelle einluden, mussten wir passen. Es wäre für uns zu spät geworden, denn SooRyun musste zu ihrem Elternhaus zurück, weil morgen Schule war und ihre Uniform und die Schulsachen noch bei uns im Haus lagen. „Sicher gerne ein anderes Mal" sagte ich und meinte es ehrlich, gab ihnen meine Visitenkarte mit der Telefonnummer der Botschaft.
Bob und Nancy waren in unserem Alter und wirklich nett, vielleicht war dies ja der Anfang einer guten Nachbarschaft oder mehr.

Auf der wegen des miesen Wetters extrem langsamen Rückfahrt folgte uns irgendwann ein Militär-Jeep und ich erkannte ihn als amerikanische Militär-Polizei. Das ging so über einige Kilometer, bis wir in eine koreanische Polizeikontrolle gerieten. Rechts ran und warten war angesagt, denn vor uns standen noch andere, die gerade kontrolliert wurden. Die Militärpolizei stoppte gegenüber am linken Straßenrand und die beiden Amerikaner wollten ganz offensichtlich mitbekommen, was mit uns und unserem Sportwagen mit einem für sie unbekanntem deutschen Zollkennzeichen wohl so passieren würde. Ich hatte meinen roten Dienstpass und die Wagenpapiere schon in der Hand und riet Soo, ihren Ausweis auch griffbereit zu haben, um die Kontrolle möglichst abzukürzen. Aber es dauerte und dauerte bis wir endlich an der Reihe waren. Der freundliche Polizist mit Pelzmütze und dickem Mantel nahm nur meine Papiere und verschwand damit in einem der Polizeibusse. Ein weiterer Polizist befahl Soo, auszusteigen und forderte mich auf, die hintere Klappe zu öffnen. Das tat ich und er staunte nicht schlecht, denn einen Motor hatte er wohl hinten nicht erwartet. Er tat so als ob ihn nun doch der Motor interessierte und ließ es dabei bewenden. Als er weg war stieg Soo, immer noch nicht kontrolliert, wieder ein. Nach einiger Zeit brachte mir ein anderer dritter Polizist die Papiere zurück und fragte mich nur noch nach meiner Tätigkeit in Korea, alles in bestem Englisch. Mit „German Embassy" als Antwort war er zufrieden, winkte uns aus der Schlange und wünschte „Have a good night". Wir hatten immerhin 45 Minuten verloren und auch die Amis im MP-Jeep waren längst weg.

Das Wetter war inzwischen so eklig geworden, dass wir froh waren, als wir heil UN-Village erreicht hatten. Soo beschloss, jetzt mitten in der Nacht nicht mehr nach hause zu wollen und lieber morgen früh ein Taxi zu nehmen, um direkt zur Schule zu fahren.

So geschah es. Morgens nach dem Frühstück lagen wir uns an der Haustür lange in den Armen, denn es lagen viele Tage vor uns, die wir uns nicht sehen würden. Natürlich brachte ich sie noch bis zum Taxistandplatz, wo auch Gott-sei-Dank eins bereitstand.

Perlen aus Tokio

Für den nächsten Sonntag war ich wieder zum Kurierdienst eingeteilt. Kanzler Thier war einverstanden, dass ich schon Samstag nach Tokio fliegen durfte, vorausgesetzt dass auf dem Hinflug nur Briefe zu transportieren waren, keine Pakete. Der Grund dafür war, dass Pakete nicht allein gelassen werden durften, ich mich also in Tokio nicht vom Hotel entfernen konnte . Briefe durfte ich am Körper unter dem Mantel mitnehmen, wohin auch immer. Es waren zum Glück keine Pakete zu befördern, also klappte mein Plan. Ich nutzte den einen zusätzlichen Tag in Tokio nicht nur zum Sight-Seeing sondern wollte auch Einiges einkaufen. Fräulein Jin, unsere Telefonistin und Empfangsdame in der Botschaft, hatte mir die Visitenkarte einer guten Adresse für Perlen und Schmuck gegeben. Nur mit dieser Visitenkarte wird man an der leicht zu erreichenden Adresse, einer schmalen Seitenstraße der Ginza, eingelassen. Ein gesamtes Stockwerk voll gläserner Vitrinen, alle mit glitzernden Kostbarkeiten dekoriert, dazu viele Sitzgruppen, eine Bar und Wachmänner in Livree verschlugen mir zunächst die Sprache. Eine junge Japanerin in edlem Seidenkostüm wandte sich mir zu und erklärte mir, dass ich bitte zunächst Tee nehmen möge und mich dann wieder bei ihr melden sollte. Derweil beobachtete ich die vielen Kunden, darunter nur wenige Europäer oder Amerikaner. Als ich mich dann den Preziosen zuwandte und schon bald eine Halskette aus rosa Perlen und ein dreiteiliges Set aus Weißgold mit Perlen besetzt, bestehend aus zwei Ohr-Clips und einer Brosche in Form eines Pfauen-Rades ausgesucht hatte, fühlte ich mich wieder normal, alle Anspannung war gewichen. Wie mir von Fräulein Jin mit ihrem Ehrenwort versichert worden war, handelte es sich um ein völlig legales Etablissement ohne irgendwelche Tricks. Die Rechnung entsprach ziemlich genau meinen Schätzungen. Ich zahlte 75 Dollar bar, also umgerechnet 300 DM, und man vergaß nicht, mir bei der übertrieben höflichen Verabschiedung drei neue Visitenkarten auszuhändigen, „for your friends in Korea". Meine stillen Reserven waren unangetastet geblieben.

Vom Bummel durch das abendliche Herz von Tokio ist mir nur in Erinnerung geblieben, dass alle Welt fürchterlich in Eile zu sein schien. Auch die Damenwelt war immer flotten Schrittes unterwegs, so als müssten sie vor etwas wegrennen. Ich blieb des öfteren stehen und betrachte das unendliche Lichtermeer aus ständig wechselnden Leuchtreklamen, die jeden Fleck an all den Gebäuden bis in die letzte kleine Ecke ausnutzten. Auch fiel mir auf, dass nirgends ein Stück Papier oder eine Kippe herumlagen, man hätte vom Straßenpflaster essen können. Alle paar Minuten sah man Straßenfeger, die die Sauberkeit dennoch mitten in der Nacht erhöhen wollten und fleißig jede Ritze, und war sie noch so klein, nach Dreck absuchten.

Die Kurierpost-Übergabe früh am Sonntag morgens im Flughafen von Tokio verlief wie gewohnt, am Abend war ich wieder zuhause. Mein Haus und das davor geparkte Auto fand ich in bester Ordnung vor. Zum Flughafen Kimpo fuhr ich für diese Kurzreisen sicherheitshalber immer per Taxi, man weiß ja nie. Ein weißer Sportwagen zieht nun mal Blicke auf sich und lockt vielleicht auch auf unübersichtlichen Flugplatz-Parkplätzen dunkle Gestalten an. Mit meinem im November in Tokio gekauften Koffer-Radio hörte ich noch die deutschen Nachrichten auf Deutsche Welle über Kurzwelle, was wegen der Lage auf einem Hügel zwar ohne Außenantenne einigermaßen funktionierte, aber leider nicht bei Regenwetter. Ich wollte mir, sobald das Wetter wärmer würde, im Garten eine Seilantenne bauen.

SooRyun hatte die nächsten Tage mehrmals in der Botschaft angerufen ohne mich zu erreichen. Fräulein Jin hatte ich deshalb beauftragt, ihr beim nächsten Anruf hoch und heilig zu versichern, dass ihr „Herr Brinkhoff ist leider nicht da" keine Ausrede sei und SooRyun zu bitten, es weiter zu versuchen. Fräulein Jin durfte mich nämlich nie beim Chiffrieren oder Funken stören, aus naheliegenden Gründen. Als ich mal wieder Herrn Krüger, den Registrator, vertreten musste, eine Arbeit die ich verfluchte, klappte es dann endlich auch mit dem Telefonat. Weil die Registratur das einzige Einmannbüro war, konnten wir endlich richtig plaudern und uns alles vom Herzen reden was sich so angesammelt hatte. Schließlich verabredeten wir uns fürs Wochenende 27./28. Februar. Sie sollte einfach mit dem Taxi kommen, und falls ich gerade nicht zuhause sei wäre das ja kein Problem, denn sie habe ja einen Hausschlüssel, sagte ich ihr.

Am Donnerstag vor unserem verabredeten Wochenende hatte ich spontan eine gute Idee und schrieb sofort einen Brief an meine eigene Dienststelle und bat darum, die als „verbraucht" erklärte Funk-Antenne der Botschaft kostenlos übernehmen zu wollen. In UN-Village könnte sie mir noch gute Dienste leisten. Mein Wunsch wurde am gleichen Tag vom Kanzler mit „keine Bedenken, Herrn Botschafter z.K" paraphiert. Botschafter Ferring ergänzte „Einverstanden, sofern nicht das AA über die Verwendung der alten Antenne anders verfügt". AA ist die Abkürzung für Auswärtiges Amt Bonn.

Die neue Antenne war längst bestellt und würde bald eintreffen und auf dem Daehan-Gebäude montiert werden. Außerdem sollte die Botschaft an das internationale Telex-Netz angeschlossen werden und wir hatten schon nach Bonn gemeldet, dass dafür alle Vorbereitungen, auch die Verlegung der Unterputzleitungen und der spezielle Nachrichtenraum in den neuen Räumlichkeiten im Gange seien. Jetzt wurde ergänzend nach Bonn gemeldet, dass japanische Geräte der Marke Oke KKP 1ab Mai verfügbar wären, Siemens-Geräte hingegen leider erst ab November. Es böte sich daher an, erst nach dem Umzug in die neuen Räume den Telexverkehr aufzunehmen. Die Anschlussgebühr wurde mit umgerechnet 50 DM kalkuliert, die monatliche Geräte-Miete mit 65 DM. Bei einem 24/24-Stunden-Betrieb würden 3 Minuten nach London ca 50 DM kosten, jede weitere Minute 12 DM .Weil telexen nach London billiger sei als nach Bonn, sollten alle Fernschreiben an die deutsche Botschaft in London gesendet und von dort nach Bonn weitergeleitet werden. Das wurde aus allen fernen Ländern so gehandhabt, weil unsere Botschaft in London eine sogenannte 24-Stunden-Standleitung zum AA nach Bonn unterhielt.

Kindheitserinnerungen und Krach in der Botschaft

Am Wochenende hatte sich das Wetter sehr gebessert. Das Thermometer blieb auch nachts endlich wieder über Null. Soo schlug deshalb vor, mir ihre Schule, die „Deoksugung Mädchen-Oberschule" von außen zu zeigen und auch das Umfeld ihres Wohnhauses, wo sie ihre gesamte Kindheit verbracht hatte. Wir stellten das Auto nahe des Unabhängigkeitstores ab und liefen zu Fuß weiter. Für mich gab es nichts Aufregendes dabei, aber ich hörte Soos Erklärungen aufmerksam zu und lernte viel über koreanische Traditionen in der Familie und im Schulunterricht. Um ihr Haus machte sie einen Bogen und das hatte ich schlicht und einfach zu akzeptieren. Wer will schon Streit, wenn es auch ohne geht.

Auf der Rückfahrt dirigierte sie mich noch in die Gegenrichtung und kommentierte mein entsprechend ungläubiges Staunen mit „Warte ab, ich erkläre es Dir gleich". Wir fuhren auf einem schmalen Schotterweg bis zu einem Wendeplatz, von wo nur noch ein Pfad hinauf auf einen Aussichtshügel führte. Das Auto blieb am Wendeplatz unter einem großen Felsblock stehen, der genau an dieser Stelle absichtlich aufgestellt worden war. Auf meine Frage nach dem Warum hatte Soo erstmals keine Erklärung. Ich fand jedoch das Motiv besonders gut und fotografierte mein Auto, das immer noch das Zollkennzeichen trug, genau vor dem dicken Stein. Soo machte keine Anstalten, um mit auf das Foto zu kommen, was mich wunderte. Hatte sie die falsche Kleidung an, oder passte fotografiert werden nicht zu ihren momentanen Gedanken an ihre Vergangenheit? Egal, nicht so wichtig. Auf dem Hügel mit tollem Blick über die schon erleuchtete Stadt mit ihren vielen Neon-Reklamen erzählte sie mir dann mit leiser Stimme, dass sie hier schon als kleines Kind mit ihrem Vater oft gesessen hatte und auch später noch hin und wieder. Mehr sagte sie nicht, nur das. Ich verstand ihr Schweigen, obwohl es mich natürlich interessiert hätte, über was sie sich damals unterhalten hatten. Erst nach mindestens einer halben Stunde liefen wir schweigend Hand in Hand langsam zum Auto zurück.

Weil sie auf der Rückfahrt immer noch stumm blieb und ich bei ihr ein so ernstes Gesicht nur gesehen hatte, als sie mir damals vom plötzlichen Tod ihres Vaters berichtet hatte, fing ich langsam und behutsam an, über meinen Vater zu sprechen. Sie ließ es zu. So erfuhr sie, dass mein Vater mir nach der Scheidung von meiner Mutter immer Briefe schrieb, meine Mutter sie mir aber nicht zeigte sondern ungeöffnet zurückgehen ließ. Das erfuhr ich erst viel später zufällig von meiner Tante Grete, als die sich auf einer Party verplapperte. Ich glaube, ich habe Soo mit dem Erzählen aus meiner Kindheit wirklich in jenem Augenblick geholfen. Aber genau weiß ich das nicht. Wie auch.

Abends bei Kerzenlicht und guter Musik schenkte ich ihr den Perlen-Set mit dem Pfauen-Rad aus Weißgold, den ich kürzlich in Tokio gekauft hatte. Ich wurde gut belohnt, sie liebte Perlen, das wusste ich. Sie war oft genug vor Schmuckgeschäften stehen geblieben und hatte die Schaufenster betrachtet. Weißgold musste ich ihr allerdings erklären, da das in Korea nur wenig bekannt war.

Weil der Montag ein koreanischer Feiertag war, hatten wir ein verlängertes Wochenende. Der 1. März nennt sich Samil-Freiheitsbewegungs-Gedenktag und wird gefeiert, weil an diesem Datum 1919 von 33 Patrioten die Unabhängigkeits-Erklärung von Japan unterzeichnet wurde. Im Stadion von Seoul findet deshalb immer mit viel Aufwand ein großes farbenprächtiges Volksfest statt. Wir hatten keine Ambitionen, uns in so ein Getümmel zu stürzen, und gingen lieber im weitläufigen Park der ehemaligen 2000 Jahre alten Namhansan-Festung spazieren, von der außer Teilen der Umfassungsmauer nur noch wenige Ruinen erhalten sind. Der Blick auf Seoul vom höchsten Punkt des Parks ist hingegen den mühsamen Aufstieg wert. An windgeschützten Stellen fanden wir die ersten Frühlingsboten, blühende Mandelbäume und vieles mehr. Soo erklärte mir, dass sie in der Schule gelernt habe, dass es in Korea doppelt so viele Pflanzenarten gibt wie in ganz Europa zusammen. Abends fuhr sie mit dem Taxi zu ihrer Mutter zurück. Wieder so ein unliebsamer Abschied für längere Zeit.

Angestellter im Schreibdienst, so lautete meine Stellenbeschreibung. Doch was ich wirklich tat, schon seit Afrika, war eigentlich besser mit „Mädchen für alles, besonders wenn es klemmt" beschrieben. Ich bewältigte Schreibdienst und Registratur gleichzeitig, kümmerte mich um kaputte Telefone und nicht anspringende Autos. Davon hatte die Botschaft immerhin drei Stück, des Botschafters Mercedes mit Chauffeur, den VW-Bus fürs Grobe und einen Boten-Kleinwagen für den Rest. Nebenbei erledigte ich noch die Umzugs-Vorbereitungen, aber das tat ich gerne.

Als ich jedoch eines Tages ganz höflich und auch nur so nebenbei durch die Blume eine Höhergruppierung erwähnte, schaltete mein Vorgesetzter, Herr Kanzler Thier, auf Durchzug. Von da ab bekam ich bei ihm keinen Stich mehr, aber mehr und mehr Arbeit aufgebrummt. Da ich nie ein Duckmäuser gewesen war, blieb das Thema auch bei mir nicht einfach begraben. Natürlich kriegte die ganze Belegschaft diese sich häufenden Meinungsverschiedenheiten mit. Schließlich wurde ich zum Legationsrat Dr. Schatzschneider, dem Vertreter des Botschafters, gebeten. Er gab mir reichlich Gelegenheit, ihm meine Sicht der Dinge darzulegen, erst danach rief er Herrn Thier hinzu. Der machte dann überraschend einen Vorschlag zur Güte, versprach, sich in Bonn für mich einzusetzen. Wir gaben uns die Hand und es sah nach Frieden aus. Der hielt aber nicht lange, er hatte sich offenbar auf mich eingeschossen und fand das auch noch lustig.

Kanzler Thiers Vertreter, Konsulatssekretär Schmidt, blieb weiter freundschaftlich nett zu mir und ich hatte offenbar weiter sein volles Vertrauen. Denn nicht den beiden deutschen Vorzimmerdamen sondern ausgerechnet mir diktierte er einen Brief der Botschaft an das koreanische Verteidigungsministerium. Darin baten er und zwei weitere mir unbekannte Europäer um die Genehmigung eines Landkaufs und Errichtung eines Wochenendhauses an einem Stausee. Da wurde ich aber sofort hellhörig und erlaubte mir die Frage nach Details seines Vorhabens und erfuhr von der schönen Landschaft an besagtem See, und dass es schon viele Häuser dort gäbe, dazu einen Bootsverleih und eine kleine Infrastruktur für die Wochenendbesucher. Er beschrieb mir den Weg zum „Aka Chung Pyung" (heute heißt er Lake Cheong Pyeong) und riet mir, unbedingt mal hinzufahren. Er sei an sonnigen Wochenenden fast immer dort mit seiner Familie.

Karmann-Ghia unter dem Felsbrocken

Der Berg, auf dem SooRyun als Kind mit dem Vater oft saß

Das Jahrhundert-Hochwasser

Anfang April regnete es tagelang. Von UN-Village aus konnte man den Han-Fluss ansteigen sehen, jeden Tag wurden die Fluten brauner, und als an einem Nachmittag auch Baumstämme und kleine Holzhäuser vorbeischwammen, das Wasser bis an die Bahnlinie reichte, die unten am Hügel entlang führt, fuhr ich nach Yongsan zur Hangang-Brücke, der einzigen Straßenbrücke, über die man in die südlichen Provinzen, zum Flughafen und zur Stadt Kimpo gelangt. Die Brücke war genau dort gebaut worden wo der Fluss eine Insel in seiner Mitte hat. In Sichtweite flussabwärts querte die Eisenbahnlinie von Seoul in den Süden des Landes den Fluss. Von weitem sah ich schon die vielen Menschen, die dem Schauspiel des Hochwassers zuschauten. Überall war Militär unterwegs, mehrere Krankenwagen kamen mir entgegen. Auf der Insel bog ich links ab, weil ich dort einen großen Militär-Kranwagen gesehen hatte. Er stand genau auf der Spitze der Insel und hatte seinen Kranausleger so weit es geht ausgefahren. Ein Soldat, vorn riskant am Haken hängend, versuchte, die herantreibenden Häuser zu erreichen und zur Insel zu ziehen. Nun erkannte ich, dass auf den heranschwimmenden Häusern und auch auf anderem Treibgut Menschen hingen. Schnell hatte ich mein Auto seitlich geparkt und war zu den Amerikanern gerannt, die hier im Rettungseinsatz waren. Helfen war angesagt, ich bekam eine Schwimmweste verpasst und schon fuhr ich in einem Pontonboot mit Außenbordmotor mit, das Menschen aus ihrer Gefahrensituation holte und auf der Insel an Land brachte. Rotes Kreuz und andere Helfer kümmerten sich um sie. Ich blieb lange dort, wir fuhren immer wieder los, immer wieder und wieder. Auf der Insel türmten sich zerstörte Habseligkeiten zu Bergen. Eine Feldküche war eingetroffen, es wurde dunkel, doch die Rettungsaktion ging weiter. Zweimal fuhr unser Boot dicht an die Brücke und wir zogen querliegende Stämme weg, damit die Brücke heil blieb und kein zusätzlicher Wasserstau die Situation noch verschlimmerte. Der Bootsführer riskierte dabei ziemlich viel. Erst gegen Mitternacht ließ ich mich ablösen, alles was Beine hatte bei den Amerikanischen Truppen und bei lokalen Rettungsdiensten war im Noteinsatz.

Am anderen Morgen lief ich noch vor dem Frühstück zum Ausblick auf den Han-Fluss, wo seitlich unterhalb von UN-Village ein Hüttendorf völlig überschwemmt war. Das Wasser reichte auch bis in das Seitental, in welchem letzte Woche mit Polizeischutz Vermessungen stattgefunden hatten, denn 1966 sollte dort die neue Hannam-Brücke gebaut werden. Dafür hätten viele illegal gebaute Holzhütten beseitigt werden müssen, die nun aber vom Hochwasser zerstört waren. Ihre Bewohner standen und saßen beiderseits an den Rändern der Hügel und mussten tatenlos ansehen, wie ihr Hab und Gut vom Wasser aufgefressen wurde. Die Eisenbahnlinie am Hang von UN-Village war noch nicht vom Hochwasser erreicht, aber Züge sah ich nicht mehr fahren.

Auf dem Weg zur Botschaft fiel mir auf, dass weder Busse noch Taxis fuhren, aber viel Militär unterwegs war. Offenbar war der Notstand ausgerufen worden, was sich in der Botschaft bestätigte. Außer zwei Männern, die nebenan wohnten, waren alle Ortskräfte nicht erschienen. Als ich von den Ereignissen gestern auf der Insel berichtet hatte und bat, wieder dort helfen zu dürfen, bekam ich frei und raste los. Das gleiche Bild wie gestern, ein noch um 10 cm höherer Wasserstand, jetzt zwei Kräne im Dauereinsatz und eine Menge freiwilliger Helfer. Ich zog die mitgebrachten Gummistiefel an und stand Gewehr bei Fuß. Die Militärs waren heute aber besser organisiert und wollten nicht, dass sich Zivilisten in Gefahr bringen. So half ich im Zelt des Sanitäts-Corps, wo Gerettete erstversorgt wurden. Alle 5 Minuten fischten mehrere Schlauchboote Menschen von Brettern und anderem Treibgut. Sie konnten im großen Zelt auch duschen und bekamen Ersatzkleidung. Danach kümmerten sich koreanische Helfer um ihre Unterbringung und alles Weitere. Das gesamte Gelände war von Polizei abgesperrt und nur kurz durften Presseleute herein um Fotos zu machen. Mich hinderte niemand daran, alles fotografisch zu dokumentieren.

Weil auf den Straßen kaum Menschen und nur wenige Autos zu sehen waren, mussten wohl auch die Schulen geschlossen sein. Als ich nachmittags wieder bei der Botschaft vorbeisprach war auch Herr Um anwesend. Er besaß kein eigenes Auto, fuhr immer Bus, und hatte sich zu Fuß zur Botschaft auf Nebenwegen und Gassen durchgeschlagen. Dadurch war auch unser Telefon besetzt gewesen als Soo angerufen hatte und ausrichten ließ, ich möge sie doch nahe ihrem Elternhaus abholen, egal wann. Ich fuhr gleich hin und merkte erst unterwegs, dass Freitag war, also fast schon Wochenende. In der schmalen Gasse, vor der ich immer parkte wenn ich sie abholte, saßen die Menschen auf kleinen Hockern vor ihren Haustüren. Bestimmt kannten sie inzwischen mein Auto und gaben ein Signal durch nach weiter hinten, denn es dauerte nur wenige Minuten bis Soo samt Gepäck auftauchte. Wir fuhren Richtung UN-Village mit einem Umweg, um das Hochwasser aus einem anderen Blickwinkel sehen zu können, einige Kilometer stromaufwärts von meinem Haus. Daraus wurde aber nichts, denn koreanisches Militär ließ uns nicht durch; zu unserem Schutz, wie sie sagten. Zu viele wütende Menschen seien am Ufer versammelt, die ihre Häuser verloren hätten und nun unberechenbar wären. Als wir zuhause ankamen war es schon dunkel. Soo hörte ununterbrochen Radio und berichtete mir von dem vielen Leid, das sich rund um uns abspielte. Sie hatte Angst um einen Onkel und einen Cousin, die in den Bergen südlich von Seoul an einem Fluss wohnten. Davon hatte sie bisher nie gesprochen.

Ich versuchte, sie auf andere Gedanken zu bringen. Mir fiel aber nichts Passendes ein, Lustiges hätte sowieso nicht gepasst. So fragte ich sie, ob ich ihr schon mal etwas über meinen verhassten Stiefvater erzählt hätte. Weil das nicht der Fall war, begann ich

mit der Geschichte, die mich bis heute wütend macht, wenn von Schule die Rede ist. Ich war auf der Volksschule in der vierten Klasse einer der drei besten Schüler. Somit stand der Wechsel zum Gymnasium an, doch mein Stiefvater genehmigte mir nur die Mittelschule. Die 10 DM Schulgeld dafür waren ihm schon viel zu viel Geld, das Gymnasium hätte ihn aber 25 DM monatlich gekostet. Als ich nach dem ersten Jahr auf der Mittelschule wieder zu den drei Klassenbesten gehörte, und die Regierung von Niedersachsen das Schulgeld abschaffte, war das für ihn dennoch kein Grund, mich zum Gymnasium wechseln zu lassen. Als ich die Mittelschule beendet hatte und gern etwas Technisches lernen wollte, wozu eine Handwerkerlehre notwendig gewesen wäre, kam er mit einem tollen Spruch daher.
„Mit den Händen arbeiten, sich dreckig machen, bringt nichts ein". Er sei dafür das Beispiel (er war Tischler). Deshalb habe er mit seinem Bruder gesprochen, der bei der DAK-Zentrale in Hamburg Direktor sei, und deshalb könne ich eine Lehre bei dieser Krankenkasse machen. „Da sitzt man im Trockenen und arbeitet mit dem Kopf." So wurde ich Lehrling für den Beruf Kaufmännischer Angestellter in der DAK-Filiale Holzminden. Meine Träume vom Elektro-Ingenieur waren dahin. Als nach nur drei Wochen mein Chef Selbstmord beging, ein lediger alter dickbäuchiger Herr mit Glatze, hatte ich großes Glück gehabt. Der Anlass für seinen Selbstmord war eine Anklage wegen Missbrauch von Minderjährigen.

Soo wollte wissen, warum ich denn von meinem Stiefvater immer alles so hingenommen hätte ohne zu protestieren. Das konnte ich ihr schnell erklären, denn meine Mutter hatte immer vor ihm gekuscht und riet mir ständig, „tu was er sagt, dann hast du Ruhe". Das stimmte sogar, denn wenn ich mal etwas zu diskutieren versucht hatte, endete es meist mit Verboten für alles mögliche oder auch mit Ohrfeigen. Weil meine Mutter mir gegen ihn nie beistand, weil sie offenbar selbst vor ihm Angst hatte, rannte ich im zweiten Lehrjahr, ich war 17, von zuhause weg und wohnte fortan bei einem Onkel im 15 Kilometer entfernten Stadtoldendorf, und wurde so zum Bahnpendler.
Soo schlief schon halb in ihrem Sessel, draußen hatte der Wind endlich nachgelassen und es regnete nicht mehr. Ich musste ihr versprechen, die Geschichte so bald wie möglich weiterzuerzählen. Es wurde eine ruhige Nacht.

Scenen des Jahrhunderthochwassers

Die Eisenbahnbrücke als einziger Weg

Auch am anderen Morgen ließ Soo nicht locker, sie bettelte förmlich, damit ich mit ihr zu diesem Bruder ihres Vaters fahren möge. Wir machten uns Butterbrote für die Reise, nahmen Wasserflaschen und Obst auf Vorrat mit, auch für alle Fälle mein Hauszelt und die Luftmatratzen, und machten uns auf dem Weg. Der führte zunächst wieder über die Hangang-Brücke, wo wir die Kräne und Boote weiter im Rettungseinsatz sahen. Der Han-Fluss war aber immerhin leicht gefallen. Ich solle nun zunächst einfach den Wegweisern „Suwon" folgen, meinte Soo, einer Stadt 50 km südlich von Seoul. Nach einer Stunde Fahrt, auch über Umleitungen wegen des Hochwassers kleiner Bäche, fragten wir an einer Polizeistation nach dem weiteren Weg und der Lage im allgemeinen. Soo übersetzte, dass niemand etwas Genaues wisse, wir aber nach drei Kilometern links abbiegen müssten zu besagtem Dorf, wo der Onkel wohnt. Das ging anfangs ganz gut, denn die Sturzbäche von den Bergen liefen nur selten quer über die Schotterstraße. Dennoch fuhren wir nur langsam weiter und waren besonders vorsichtig, wenn Wasser über die Straße lief, um nicht auf versteckten Steinen aufzusetzen. Irgendwann rief Soo „da unten ist es, da drüben". Das Dorf lag in einem Tal, aber auf der anderen Seite eines Flusses. Als wir näher kamen erkannten wir, dass die Brücke unter Wasser stand. Das ganze Tal war wie ein großer See, einige der Häuser hätte man wohl nur mit Gummistiefeln erreichen können, aber sie lagen eben alle auf der anderen Seite, mindestens 500 Meter weit weg. Da hätte auch kein Rufen geholfen.

Weil es wieder leicht regnete, blieben wir im Auto sitzen und dachten nach. Zwei Stunden Fahrt umsonst? Es kam auch kein anderes Auto oder sonst jemand, der uns hätte helfen können. Ein Millitär-LKW hätte vielleicht gewagt, über die Brücke zu fahren, aber ob ich mich getraut hätte, da mitzufahren, ist ein anderes Thema.

Dann sah ich im Hintergrund rechts eine zweite Brücke, die nur schwer zu erkennen war, denn sie hatte keine Geländer und das Wasser stand bis fast an die Fahrbahn. Eine Brücke ohne Geländer? Das konnte nur eine Eisenbahnbrücke sein. Weil es immer noch regnete war die Sicht nicht besonders. Ich suchte nach einem sicheren Platz für das Auto, und fand ihn sogar vor einer Scheune am Rand der Straße. Gummistiefel anziehen, Regenmäntel dichtmachen, keine Kopfbedeckung, die würde nur verloren gehen im Wind, dann ging`s los. Zwischen den Reisfeldern auf glitschigen Fußwegen, durch Wassergräben watend, weil Springen zu gefährlich, kamen wir der Brücke näher. Doch zwangen uns richtig tiefe Spalten im Gelände immer wieder zur Umkehr und neuen zusätzlichen Umwegen. Ich hätte längst aufgegeben und Sicherheit vor Abenteuer gesetzt. Soo allein weiter laufen zu lassen war aber auch keine Option, denn es würde alles nur noch komplizierter machen. So erreichten wir tatsächlich diese eingleisige Eisenbahnbrücke, die nur aus auf die Fluss-Pfeiler gelegten Eisenträgern bestand, auf denen wiederum die Schwellen mit den Schienen lagen. Wir konnten also auf eine Weise den Fluss überqueren, wie wir früher als Kinder auf Eisenbahngleisen liefen, die vor unserer Haustür zum Hafen führten, nämlich immer auf den Schwellen balancierend wie auf einer großen Leiter.

Hier war die Situation aber wesentlich schwieriger. Zwischen den Schwellen war kein Schotter, der früher bei meinen kindlichen Fehltritten die Rettung gewesen war. Hier war es Luft, und darunter der Hochwasser führende Fluss. Selbst Soo schaute leicht bedenklich auf die neue Situation. Immerhin war die Brücke mindestens 120 Meter lang, ich zählte sieben Pfeiler zwischen den Endpunkten des Bahndammes. Was tun, wenn plötzlich ein Zug naht? Ich hielt es für zu gefährlich, einfach loszulaufen. Lieber abwarten bis ein Zug kommt und danach gleich los, denn es kommt ja nicht sofort ein zweiter. Gute Idee, aber was wenn heute überhaupt keiner kommt? Ewig warten war also auch keine Lösung. Also schnell noch ein wenig vor der Brücke das Schwellenspringen geübt, ganz schön groß der Abstand dazwischen und ganz schön glatt die Schwellen bei dem Regen. Ich gab die Anweisung, das wir uns bei Gefahr flach auf die Schwellen legen müssten, also den Zug über uns hätten, um nicht überfahren zu werden. Das wusste ich von Großvaters Erzählungen, denn mein Großvater war Eisenbahner gewesen. Dann ging es los. Wir liefen nebeneinander und hatten uns angefasst, damit einer den anderen bei Stürzen halten kann. Wir hatten die Hälfte erreicht, als in der Ferne das Tuten der Dampflok eines Zuges zu hören war. Zu sehen war nichts, die Strecke hinter uns hatte eine Kurve in einem Bergeinschnitt, so dass man den Zug erst spät hätte sehen können. Ich blieb ruhig, aber nur äußerlich. „Nicht rennen!" schrie ich, wahrscheinlich viel zu laut. „Wir schaffen das!" und das Tuten wurde lauter. Wir erreichten den Damm am Ende der Brücke gerade noch ehe der Zug in Sicht kam, aber dann rauschte er auch schon laut tutend an uns vorbei. Das war gerade noch mal gutgegangen. Durchatmen !

Bis zum Dorf war es nicht weit und es gab sogar einen richtigen Weg. Vor einem Haus, das wie ein Laden aussah, blieb Soo stehen und las mir das Schild vor, das über der Tür hing, „Schreib- und Eisenwaren" stand da, und es lagen Waren vor der Tür. Bis hier war das Hochwasser auf keinen Fall gekommen. Die Verwandtschaft war wohlauf, wir wurden herzlichst begrüßt und der Onkel wiederholte mehrfach, dass er damit überhaupt nicht gerechnet habe bei diesem Wetter.. Soo hatte viel zu erzählen und ihr Onkel und seine Familie lauschten aufmerksam. Bestimmt sprachen sie auch über unsere Freundschaft und sicher auch wieder über den frühen Tod ihres Vaters. Gegen Mittag wurden wir mit Deokguk bewirtet, einer scharfen Suppe mit Reisbällchen.Der Regen hatte ganz aufgehört, und so machte ich zwischendurch allein einen Rundgang durch das Dorf und schaute bei einem Hahnenkampf zu. Einen kleinen Menschenauflauf gab es, als ein Mann eine Schlange gefangen hatte und sie mit zwei Stöcken eingeklemmt hoch hielt und allen Nachbarn zeigte. Ich weiß nicht ob sie gefährlich war oder ob er sie als Mahlzeit in Erwägung zog. Als ich zum Haus des Onkels zurückgekehrt war, standen schon alle vor der Tür und redeten wohl über das Wetter, denn sie schauten zum Himmel und dann zum Hochwasser, dass gleich hinter dem Haus in den Gärten stand. Endlich war so viel Zeit, auch mal die Umgebung zu betrachten. Wir standen mitten in einer herrlichen Landschaft, ringsherum bewaldete Hügel, die mit vielen weißen Stellen übersät waren. Blühende Kirschbäume seien das, erklärte mir der Cousin. Von mir auf unsere voraussichtlich problematische Rückreise angesprochen, die wir nicht zu spät beginnen sollten, winkte Soo ab. Sie hatte schon vom Onkel die Zusicherung, dass ein Nachbar uns zu unserem Auto bringen werde, nicht zu Fuß sondern mit seinem Traktor, über eine Brücke nicht weit entfernt flussabwärts, die nicht überflutet sei. Unauffällig schob ich Soo einen 10-Dollar-Schein zu, den sie dem Onkel geben sollte für den netten Nachbarn. Wir dankten für die Bewirtung, überschwänglich wie in Korea üblich, und Soo lud alle zu einem Gegenbesuch bei uns in UN-Village ein. Die Cousine sagte nicht viel, sie sprach auch nicht mit SooRyun, obwohl doch beide nahe Verwandte waren. Der Cousin war mir sympathisch, er sprach genau so gut englisch wie SooRyun.

Noch vor Einbruch der Dunkelheit hatten wir die Schotterstraße bis zur Hauptstraße, die nach Seoul führt, in vorsichtiger langsamer Fahrt bewältigt. Als wir endlich die Hangang-Brücke in Seoul erreichten, war es bereits nachts. Auf der Insel war immer noch viel los, über die Eisenbahnbrücke fuhren aber wieder Züge. Das Schlimmste schien vorüber, aber Normalität gab es auch am Sonntag noch nicht. Wir blieben den ganzen Tag im Haus und lasen viel und hörten Musik. Zwischendurch baute ich für Soo einen kleinen Drahtkäfig, denn sie wollte sich unbedingt ein Kaninchen anschaffen. Den Käfig brachte ich außen vor dem Wohnzimmerfenster an, so dass man die Tiere von innen durch die Scheibe sehen würde. Beim Blättern im Kalender fiel mir ein, dass in Europa gerade Ostern war. Das feiert man in Korea nicht, also hatte ich es wegen des Trubels um das Hochwasser gar nicht bemerkt. In der Botschaft hatte niemand darüber gesprochen.

Soo erzählte mir nebenbei von einem Hund, den es nur nur in Korea gäbe. Leider seien sie selten und teuer, und man könne sie nur beim Züchter kaufen. Als sie ihn beschrieb, 50 cm groß, buschiger nach oben gerollter Schwanz, meist weiß oder hellgelb, konnte ich mich erinnern, schon mal in der Stadt solche Hunde angeleint gesehen zu haben. Sie heißen Jindo Kae, also Jindo Hund, und haben ihren Namen nach einer Insel, auf der sie vor langen Jahren nur dort gelebt haben sollen. Soo hat gelesen, dass sich jetzt auch die koreanische Regierung kümmert und den Hund offiziell zum Kulturgut erklären möchte. Dann würde er bestimmt noch viel teurer und sie könne nur davon träumen, später mal einen zu besitzen. Ihn aus dem Land zu bringen sei inzwischen verboten. Er sei ein Landhund, fühle sich in der Stadt nicht wohl, weil er viel Bewegung braucht. Er fräße nicht gern Fleisch, lieber gekochten Reis.

Jetzt fiel mir auch wieder der Brief ein, durch den ich von einem Freizeitgelände an einem Stausee erfahren hatte. Ich erzählte Soo davon, aber mir fiel der Name des Sees nicht ein. Als sie vermutete, dass es der Chung Pyung See sein könnte, kam mir dieser Name bekannt vor. So beschlossen wir, möglichst bald dieses so hoch gelobte Ausflugsziel anzusteuern. Soo ergänzte, dass sie vorher unbedingt noch einen neuen Bikini kaufen wolle.

Auf einer Landstraße nahe Seoul

SooRyuns Onkel mit Familie vor seinem Haus, einem Geschäft für Schreib- und Eisenwaren

UNO-Truppen-Parade in Kaserne in Yongsan

Die Terrasse unseres Hauses in UN-Village

Ein Nachbar vom Onkel fängt eine Schlange

Der große Umzug

In diesen Wochen vor dem großen Ereignis des Standortwechsels der Botschaft gab es noch einige ungewöhnliche Sachen. Alle Deutschen in der Botschaft mussten ihre Lebensgewohnheiten in einen umfangreichen Fragebogen eintragen, auch wie und wo eingekauft wird und zu welchen Preisen, und die Art, wie die Freizeit mit welchen Möglichkeiten in Seoul verbracht werden kann. Manches ging sehr ins Detail, zum Beispiel die Frage, ob es lokal Fernseher oder Autos zu kaufen gibt. Aus all den Angaben ermittelt das Finanzministerium in Bonn unseren Auslands-Gehalts-Aufschlag.

Die neue Funkanlage war eingetroffen und wurde von einer Fachfirma nach meinen Plänen auf dem Flachdach des neuen Gebäudes errichtet. Vom Kanzler handelte ich mir erneut einen Rüffel ein als er gemerkt hatte, dass ich immer noch mit dem Zollkennzeichen am Auto herumfuhr. Das gilt eigentlich nur 3 Monate, aber keiner merkt das, weil sich alle an dies weiße Auto mit dem weißen ovalen Kennzeichen gewöhnt hatten, auch die Verkehrspolizisten. Also veranlasste ich den Wechsel zum schwarzen Kennzeichen mit weißem koreanischen Schriftzug „Semi-Diplomat" und der Ziffer 1777. Vor der Zulassungsstelle saßen einige koreanische fliegende Händler, welche kleine runde Stempel herstellten. Das kannte ich nicht und fragte mich schlau. Diese Stempel sind der Ersatz einer Unterschrift bei Analphabeten. Aber nicht nur, denn auch wer des Lesens und Schreibens kundig ist darf per Stempel unterschreiben. Bei behördlichen Aktionen ist sogar beides vorgeschrieben. Dann machen die Analphabeten einfach ein Kreuz neben ihren Stempel. Die Stempelmacher hatten gut zu tun, denn wer seinen Stempel zuhause vergessen hat, lässt sich vor der Tür der Behörde schnell einen neuen machen. Ich tat das auch, malte mit Kugelschreiber meinen Wunschstempel auf einen Zettel, und nach 5 Minuten hatte ich meinen Namen auf einem runden Ministempel mit einem Zentimeter Durchmesser. Weil ich kein Koreaner war und ein diplomatisches Kennzeichen brauchte, kein normales, sollte ich übermorgen wiederkommen, um das zweiteilige Kunstwerk abzuholen. Es war also ganz offensichtlich auch eine Sonderanfertigung.

Am 20. Mai erhielt jeder von Herrn Thier eine Kopie des fünfseitigen Umzugsplanes. Auf Himmelfahrt, 27.5., der zufällig auch Buddhas Geburtstag im Mondkalender war, sollte es losgehen. Zunächst nur mit dem Abbau der alten Telefonanlage, ihrer sorgfältigen Verpackung in Decken, und Verladung in unseren VW-Bus.
„Die Aufsicht darüber führt Herr Brinkhoff (ich habe bereits seine Zusage)" stand da wörtlich im Plan. Am Tag darauf rückten die Möbelpacker an. Für mich gab es wiederum eine Sonderaufgabe. Ich las „8,30h Abtransport der Panzerschränke unter Aufsicht

von Herrn Brinkhoff" Alles kein Problem. Erst am Sonnabend, 29.5., wurde es kritisch. „Herr Brinkhoff sorgt rechtzeitig für den vorsichtigen Abbau der empfindlichen Funkanlage und Verladung in Decken in den VW-Bus, Überführung in langsamer Fahrt. In der neuen Botschaft überwacht er die gesamten Anlieferungen des Umzugsgutes und die richtige Verteilung auf die Zimmer. Achtung: Alle Packstücke vor Abtransport mit Zimmernummern markieren!. Im stehen dabei zur Verfügung......". das waren die Namen aller fünf Ortskräfte, plus zwei deutsche Sekretärinnen. Ganz schön viel Verantwortung für eine nur nach BAT VII bezahlte männliche Schreibkraft. Eine Kopie dieser Anweisung nahm ich mit nach Hause, sie könnte mal wichtig werden, vermutete ich. (Ich habe sie auch heute noch)

Auch am Sonntag musste ich zum Dienst erscheinen, ich sollte den Aufbau der neuen Telefonanlage durch eine koreanische Firma überwachen, Herr Choi mit dem VW-Bus war als meine rechte Hand eingeteilt. Wir lösten uns ab, damit jeder mal raus kam und sich Essen besorgen konnte. Alle anderen Mitarbeiter konnten den sonnigen Maisonntag in der Natur genießen. Montags waren alle wieder an Bord und es folgte das allgemeine Auspacken und sich in neuen größeren Räumlichkeiten einrichten. Am Dienstag, das war der 1. Juni, wurde der Dienstbetrieb wieder aufgenommen. Es gab Lob vom Botschafter und er lud alle zu seiner nächsten Party in die Botschafter-Residenz ein. Ausdrücklich betonte er, dass das auch für Partner gelte. Ich hatte das Gefühl, dass er dabei in meine Richtung schaute.

Die Party fand schon in der darauf folgenden Woche statt. SooRyun hielt seit dem Umzug der Botschaft ständig Kontakt mit mir. Wir telefonierten oder trafen uns für zwei Stunden in Teesalons in der Stadt. Telefonieren war einfacher geworden, weil wir jetzt fünf Telefonnummern für die Botschaft hatten, statt vorher nur zwei. Ich konnte sie also rechtzeitig zur Botschafter-Party einladen, holte sie schon eine Stunde vor Beginn bei ihr zuhause ab. Sie trug einen dunkelblauen seidenen Glockenrock und ein weißes kurzärmeliges Oberteil, dazu weiße flache Schuhe. Am Finger den Goldring mit „Tigerauge"-Stein, den ich ihr vor zwei Wochen aus Tokio mitgebracht hatte. Die Party war unspektakulär, mehr ein lockerer Kaffeeklatsch. Meine Vermutung bestätigte sich, Herr Botschafter verwickelte SooRyun in ein längeres Gespräch, was ihr sichtlich Vergnügen zu bereiten schien. Später berichtete sie mir, dass er angedeutet habe, sie möglichst auch immer auf alle diplomatischen Empfänge einzuladen. Das Sonnenwetter mit 25 Grad entschädigte zwar dafür, dass richtige Stimmung nicht aufkommen wollte, aber aus Afrika kannte ich bessere Botschafter-Partys.

Soo hatte nur für mich bestimmte Neuigkeiten zu vermelden. Ihr Schulzeitende stand mit großer Abschlussfeier am Freitag, 18. Juni, bevor. Wer wollte konnte am Tag darauf noch einen von der Schule bezahlten Ausflug mitmachen. Ob sie mitmachen würde hatte sie aber noch nicht entschieden. Außerdem sei nächste Woche auch Bauerntag, der immer am 15. Juni gefeiert wird, in diesem Jahr ein Dienstag. Der Direktor habe entschieden, dass auch der Montag davor schulfrei sei. Da der Bauerntag nach koreanischer Tradition mit symbolischem Reispflanzen und viel Musik und Tanz in alten Trachten gefeiert wird, vornehmlich in ländlichen Gebieten, schlug Soo vor, dann zum Chung Pyung See zu fahren. Auch wolle sie endlich mal wieder in meinem Haus sein, zum Beispiel am kommenden Wochenende, denn Schulaufgaben gäbe es nun nicht mehr. Eigentlich sei sie jetzt erwachsen, meinte sie zum Schluss, und lächelte hinterhältig. „Hat ja auch ziemlich lange gedauert" gab ich in gleicher Weise zurück. Ich fuhr sie zu ihrer Mutter zurück und wir freuten uns auf das baldige Wochenende.

Botschafter Ferring händigte mir am nächsten Morgen in der Botschaft persönlich eine Kopie eines Zeugnisses über meine Person aus, dass wunschgemäß an das Auswärtige Amt geschickt wurde. Ich sollte es sofort lesen, er wartete. Ich war sprachlos. Im Text standen nur Superlative, „von sich aus bereitwillig weit über den Rahmen der Aufgaben einer Schreibkraft..... vermöge seiner guten technischen Veranlagung, seiner Beharrlichkeit bei der Durchführung besonderer Aufgaben, hat er sich dabei beachtliche Verdienste erworben." Ich bedankte mich und konnte mir nicht erklären, was die Hintergründe dieser guten Benotung sein könnten. Mir blieb nur die Vermutung, dass der Botschafter mit Herrn Kanzler Thier nicht immer einer Meinung zu sein schien.

Nur 24 Stunden später kam die nächste Überraschung. Die Botschaft wurde vom AA aufgefordert, einen Bericht über die Lebenssituation der Ausländer in Korea vorzulegen. Botschafter Ferring beauftragte mich, als Ergänzung zu dem Bericht der Botschaft einen eigenen Bericht ganz aus meiner Sichtweise zu erstellen, und zwar bis nächste Woche. Viel Arbeit, obwohl ich mich geehrt fühlte. Ich ließ mich von allen anderen Aufgaben für drei Tage befreien und ging als Werk. Der sehr ausführliche Bericht wurde 8 Seiten lang und beschrieb alle Schwierigkeiten in meinem koreanischen Alltag, angefangen vom wochenlangen Warten auf das Umzugsgut und das Auto, über die schwierige Lebensmittelbeschaffung bis zur Leichtbauweise meines Mietshauses und den damit verbundenen gesundheitlichen Risiken. Ich ging auch auf den hohen Verschleißfaktor beim Auto ein, verursacht durch schlechte Straßen, schlechtes Benzin, dauerndes Fahren in niedrigen Gängen und die vielen Tage mit Smog und rußigem Niederschlag. Ein wichtiger Absatz im Bericht lautete *„Es gibt keine Frischmilch, nur Kondensmilch; kein Frischgemüse, auch kein Obst, von dem der Kopfdüngung wegen nur das an Bäumen wachsende genießbar ist. Der Verzehr in den Gaststätten der amerikanischen Armee (einzige Möglichkeit, ein europäisches Gericht zu bekommen) gleicht der Abfertigung in einer Mensa; kommt man 5 Minuten zu spät, darf man hun-*

gern, da es keinen durchgehenden Betrieb gibt." In der Zusammenfassung fanden sich diese Sätze *„Nachdem ich 1 ½ Jahre in Freetown (West-Afrika) in Zonenstufe 9 gelebt habe, muss ich nach einem halben Jahr in Korea gestehen, dass es mir in Freetown besser gefiel ... hatte einen einmalig schönen Badestrand, den es jedoch in ganz Korea wegen der 10 m hohen Gezeiten-Differenz nicht geben kann. Freetown hat nach europäischem Stil betriebene Warenhäuser, in denen es alles gibt ... während es hier nicht mal ein Lebensmittelgeschäft unterster Klasse gibt .... Während in Freetown monatlich einmal ein Konzert oder Theaterstück meist europäischer Gäste gegeben wird, bei dem das Niveau deutschen Ansprüchen entspricht, so ist in Korea der erste Besuch eines solchen Abends meist der letzte, da im Winter nie geheizt wird und das Theater nie gereinigt wird, die Besucher auf den Boden spucken und Mütter ihre Babys stillen, damit sie nicht ununterbrochen schreien."*

Mein neuer Rundstempel mit Stempelkissen

Mein Auto mit neuem Nummernschild vor dem Südtor

UN-Village mit Han-Fluss-Panorama

Der koreanische Sommer ist da

Samstag morgens packten wir Zelt, Vorräte und allerlei andere nützliche Sachen ins Auto. Auch das Kofferradio war wichtig und natürlich Badesachen. Noch an der Tankstelle vorbei und los gings. Bestes Wetter, die Bauern überall auf ihren Feldern, viele Ochsengespanne und Kiepenträger auf der Straße, und unterwegs drei Mal an militärischen Kontrollpunkten anhalten und Ausweise zeigen, damals koreanische Normalität. Die Straße verlief mehr oder weniger am Ufer des Bukhan entlang , dem nördlichen der beiden Quellflüsse des Han-Flusses. Als die gewaltige Staumauer in Sicht kam, fast 400 Meter lang, quer zum Tal schnurgerade, staunte ich nicht schlecht. Ich kannte bis dato Staumauern nur als halbkreisförmige Ungetüme. Die Fortsetzung der Straße links am See entlang hatte anfangs nur Steilhänge. Doch nach zwei bis drei Kilometern gab es hin und wieder sandige Uferpartien, wir konnten uns eine passende aussuchen, denn es war noch nicht viel los. Das würde am Sonntag sicher anders aussehen. Wir fuhren langsam weiter bis die Parkplätze rarer und kleiner wurden, in der Hoffnung dort weniger „belästigt" zu werden. Wir hatten gerade unser Zelt aufgebaut, als fünf Jagdflugzeuge im Tiefflug vorbeischossen. Nichts besonderes, ich war es aus Deutschland gewohnt. Der Tag gestaltete sich wie geplant, eigentlich eher langweilig, erholsam war er aber bestimmt. Allein die saubere Luft, verglichen mit dem ewigen Smog über Seoul, tat uns bestimmt gut. Auch das Fotografieren ihres neuen Bikinis und anderer Motive am See habe ich nicht vergessen. Ich bin aber mehr der Abenteurertyp, nicht der Strandlieger. Wir kamen überein, beim nächsten Mal entweder mit Freunden herzukommen, vielleicht auch mit Soos Freundinnen, oder uns etwas Abwechslungsreicheres vorzunehmen. Immer nur Federball spielen und sich ins eiskalte Seewasser nur bis zu den Knien vorwagen war nicht gerade spannend. Trotzdem blieben wir über Nacht und, bauten morgens das Zelt ab, verstauten alles im Auto und gingen auf Wanderschaft. Mir gefiel das, Soo aber weniger, doch sie machte gute Miene.....mir zu Liebe. Mittagessen konnten wir im See-Restaurant nahe der Staumauer, wir bekamen sogar relativ schnell einen Tisch. Danach war dann aber der Ansturm auf alles was man am See unternehmen konnte, auch Boote mieten gehörte dazu, so gewaltig, dass wir langsam zurück fuhren und dabei in unserer Richtung die Straße entlang des Stausees für uns allein hatten. Die andere Richtung glich einer endlosen Schlange. Gleich hinter der Staumauer bog ich ab in den kleinen Ort Chung Pyung (heute Cheong Pyeong), nach welchem der 1944 gebaute Stausee benannt ist. Ich hielt an und wir überlegten, was wir noch machen könnten. Schließlich war morgen schulfrei und das Wetter so gut, dass eine Rückfahrt nach Seoul eigentlich Quatsch wäre. Ich studierte meine Militär-Landkarte, ein Geschenk unseres Militär-Attaches, und beschloss, durchs Gebirge nach Gapyeong zu fahren. Dieser kleine Ort lag auch am Bukhan, aber es war die gerade Linie dorthin, während der Fluss samt Stausee eine große Schleife bildete. Auf dieser Schotterstraße waren wir wieder allein. Schnell hatten wir bei Gapyeong eine Stelle für unser Zelt am Flussufer gefunden, warteten aber noch ab und gingen erst mal zu Fuß auf Erkundung der Umgebung. Am See stand eine große Tafel, eine Art Bauschild. Soo übersetze mir die Texte. Die durch die Anstauung des Flusses entstandene lange halbmondförmige Insel mit Namen Namiseom, sollte noch dieses Jahr eine Brücke bekommen, danach aufgeforstet und dann zu einem Ausflugsziel mit Hotels und Restaurants ausgebaut werden. Kühne Pläne, warum nicht?

Wir beschlossen zu bleiben und fanden auch einen geeigneten ruhigen Platz abseits der Straße und – sicher ist sicher – in Sichtweite des Dorfes. Dass unsere Verpflegung eventuell nicht reichen könnte, merkten wir erst abends als wir schon im Zelt lagen. Doch auch dafür fanden wir schnell eine Lösung, als ich die Landkarte nochmals studierte. Nur 30 Minuten Fahrt waren es bis zur nächsten größeren Stadt, Chuncheon. Dort würde es bestimmt Restaurants geben.

Es gab sie. Wenn auch zunächst schwer zu finden und vom Aussehen her leicht gewöhnungsbedürftig, selbst für Soo. Das Essen schmeckte mir aber, Soo hatte Fisch bestellt und erklärte mir auch den Grund. „Im Han-Fluss leben viele Fische und das Ostmeer ist auch nicht weit weg". Ich wusste aber, dass sie Fischgerichte gern aß und allen anderen Fleischssorten vorzog. Hier in dieser Kleinstadt ohne viel Militär konnten wir das Leben auf dem Lande gut beobachten und freuten uns schon auf morgen, den Feiertag zu Ehren der Bauern. Natürlich fiel unser Auto sehr auf und zog immer wieder Schaulustige an. Auf unserem Stadtbummel fanden wir altertümliche Steinsäulen, kleine gut gepflegte Parks, durften dank großzügiger Mönche auch einen Tempel von innen bestaunen, und fanden auch einen kleinen Markt, wo wir frisches Obst und anderen Proviant kauften. Abends suchten wir wieder unseren Zeltplatz von letzter Nacht nahe von Gapyeong auf. Das war kein Fehler, denn morgens hörten wir schon wie sich das Dorf auf die Feiern zu Ehren der Landwirte vorbereitete. Überall geschäftiges Treiben, auf dem Dorfplatz ein großes Feuer, wo offenbar später gemeinsam gegessen und getanzt werden sollte. Wir verstauten unsere Habseligkeiten komplett wieder im Kofferraum des Autos und mischten uns unter das Volk. Es gab viel zu sehen, auch sehr alte Musikinstrumente und Ackergeräte. Für mich viele neue Eindrücke, für Soo eher nicht so. Sie war ein Stadtmensch und vielleicht Besseres oder Aufregenderes gewohnt. Wir blieben hier, fuhren nicht mehr in die größere Stadt Chuncheon, wo wir uns gestern ausgiebig umgeschaut hatten, stattdessen am Spätnachmittag ohne weitere Pausen zurück nach Seoul. Soo hatte die letzten drei Tage Schule vor sich, dazu die Feier am Freitag, und wollte deshalb gleich zu ihrer Mutter, um sich vorzubereiten. Sie versprach, sich nach der Feier sofort zu melden. Im meinem Haus war alles in Ordnung, das Hausmädchen, das sich seit einigen Wochen zwei Mal die Woche kümmerte, auch um den Garten und SooRyuns weißes Kaninchen, für das ich einen Stall draußen am Haus gebaut hatte, hielt alles gut sauber und in Schuss.

Staumauer des Bukhan-Flusses für den Chung Pyung See

Hochsitz eines Bauern in seinen Feldern

SooRyun am Chung-Pyung-See-Kiosk

Der Bauer trägt die Ackergeräte, der Ochse trägt nichts.

Menschen an einer Wasserstelle in Gapyong

Bauernfamilie am Bukhan-Fluss bei Gapyong

Ein grausamer Schicksalsschlag

Als SooRyun Freitag abends nicht auftauchte, war ich ernsthaft besorgt. Vielleicht feierten die Damen irgendwo und hatten keine Zeit für andere Sachen, versuchte ich mich zu trösten. Als ich aber auch um Mitternacht noch nicht einschlafen konnte, erinnerte ich mich, dass wir vereinbart hatten, dass sie bei Notfällen die Männer am Eingang unten am Berg anrufen kann.

Ich zog mich wieder an und lief hinunter. Und tatsächlich lag dort eine Notiz für mich, die man mir gleich hatte bringen wollen, sobald der Kollege zum Schichtwechsel eingetroffen sei. Auf dem Zettel stand in englisch, dass sie morgen an einer dreitägigen Fahrt mit Klassenkameradinnen teilnehmen würde, was sich spontan ergeben habe. Sie würde sich Montag telefonisch in der Botschaft melden.

Offenbar klappte das aber nicht, vielleicht weil am Ausflugsziel kein Telefon zu finden war. Langsam wurde ich wütend, auch wegen des langweiligen Wochenendes, dass ich ohne Soo verbracht hatte. Ich blieb über den Feierabend hinaus in der Botschaft, hatte aber nach 16 Uhr keine Lust mehr auf weiteres Warten und fuhr frustriert nach Hause. Auch der Pförtner in UN-Village hatte diesmal keine Notiz für mich erhalten. Aus langer Weile ging ich abends ins amerikanische Kino und stellte dabei für mich fest, dass ich Bob und Nancy nie wieder begegnet war. Vielleicht sollte ich mich mal nach ihnen erkundigen.

Auch am nächsten Tag blieb das Telefon stumm. Was könnte ich tun? Die Schulen zu, das Haus ihrer Mutter nie gesehen, ihre Mutter nie getroffen. Erst wollte ich Herrn Um ins Vertrauen ziehen, verwarf die Idee aber wieder, zu groß die Gefahr einer Blamage und eines Autoritätsverlusts. Wahrscheinlich haben die Damen den Ausflug verlängert, tröstete ich mich selbst, schließlich war Sommer. Dann kam aber Herr Um zu mir und bat mich, nach Feierabend mit ihm in den Teesalon im Tiefgeschoss zu kommen.
„Ein besonderer Grund oder ein Notfall?" fragte ich. Er lachte und meinte „nichts Schlimmes, abwarten". Es konnte also nichts sein was mit SooRyun zu tun gehabt hätte. Ich saß weiter auf heißen Kohlen.

Im Teesalon lud mich Herr Um zu seiner Hochzeit ein, die in zwei Wochen über die Bühne gehen sollte. Ein Geschenk sei nicht nötig, aber eine Bitte habe er. Er sei Katholik und wünschte sich, dass ich ihn mit meinem weißen Auto von zuhause zur Kirche und von der Kirche zum Ort der Feierlichkeiten chauffieren könnte. Bitte, bitte, bitte, das wäre für ihn ein Traum, im weißen Auto! Einen weißen Cadillac, den es in Seoul zu mieten gäbe, könne er sich leider nicht leisten. Auch mein Hinweis, dass mein Auto hinten nur einen Notsitz, oder besser eine Notsitzbank habe, auf der man recht eng und nur mit angezogenen Beinen förmlich hängen würde, beeindruckte ihn wenig. Alles ok, meinte er, er kannte mein Auto ja längst. Mir blieb nichts anderes übrig als mein Ja-Wort zu geben. Wir saßen noch länger im Teesalon, er brauchte dem Ober nichts zu sagen, hatte wohl schon im voraus alles organisiert, denn es wurden Speisen serviert für uns beide. Wieder mit meinen geliebten Tomatenscheiben mit Zucker als Vorspeise und einer Art Ravioli, allerdings mit Fisch im Inneren, als Hauptgericht. Als wir uns trennten, versprach ich ihm eine Gegeneinladung, er hatte sie verdient. Wahrscheinlich würde ich ihn zu einer Party in mein Haus einladen, die Soo und ich für Anfang Juli planten.

Am nächsten Vormittag, ich wartete weiter auf einen Anruf von SooRyun, kam ein Anruf für mich aus einem Krankenhaus, dem Paik-Hospital. Das kannte ich, es lag nur zehn Minuten Autofahrt von der Botschaft entfernt. Ich möge bitte kommen und mich an der Rezeption melden. Mir schlug das Herz bis zum Hals, den Kopf auf der Schreibtischplatte versuchte ich mich zu beruhigen. Es wurde aber schlimmer. Ich eilte zum Kanzler, erklärte ihm kurz meine Situation und war dann auf dem Weg. Die Dame an der Rezeption bat mich im Wartezimmer gegenüber Platz zu nehmen, es würde gleich jemand zu mir kommen. Der jemand war ein älterer Herr, offensichtlich ein Arzt, was ich am Stethoskop erkannte, das er mit sich trug. Er bat mich mit ihm zu kommen. In seinem Arztzimmer setzten wir uns und er fragte mich, wie gut ich KIM Hyung Sook kennen würde. Ich klärte ihn über unsere Partnerschaft auf und bat um Auskunft, was mit ihr sei. Er wusste schließlich genau wer ich bin, wie sonst hätte ich seine Nachricht erhalten sollen.

Er machte eine Pause und suchte wohl nach den richtigen englischen Worten. Dann endlich unterrichtete er mich, er benutzte tatsächlich dieses harte Wort – *I have to inform you* – dass meine Bekannte in seinem Krankenhaus läge. Sie sei vor fünf Tagen, einem Samstag morgens, eingeliefert worden, habe sich an nichts erinnern können und einen hohen Blutalkoholspiegel gehabt. Auch sei sie erkennbar vergewaltigt worden, wollte aber nicht darüber sprechen. Man habe sie versorgt und abgewartet bis sie nüchtern war. Sie klagte dann aber über starke Bauchschmerzen, so dass weitere Untersuchungen vorgenommen wurden. Erst nach zwei Tagen habe man eine schwere Infektion innerer Organe festgestellt, die nach einigen Stunden lebensbedrohlich wurden, so dass bei einer Notoperation ihre Gebärmutter und die Eierstöcke entfernt werden mussten. Inzwischen sei sie aber außer Lebensgefahr und habe heute morgen nach mir verlangt. Er ließ mir viel Zeit, diese Nachricht zu verarbeiten. Dann wollte er wissen, wann ich sie das letzte Mal gesehen habe. Vor einer Woche, gab ich wahrheitsgemäß an. Ob ich Beschwerden habe und wenn ja würde er mich gern untersuchen, denn die Patientin könne die Infektion nur von einem Sexpartner bekommen haben. Ich konnte verneinen und wollte nun endlich zu Soo. Er führte mich zu ihr und riet mir unterwegs noch an, beim kleinsten Gefühl irgendeiner Unregelmäßigkeit meines Körpers solle ich sofort zu ihm kommen. Auch klärte er mich auf, dass Soo nie mehr Kinder bekommen könne.

Soo lag rücklings im Bett, es war ganz flach gestellt, sie war allein im Dreibettzimmer. Um sie herum Apparate wie ich sie aus Filmen kannte, wenn jemand schwere Unfälle überlebt hat. Sie war wach, streckte einen Arm nach mir aus, der andere hing am Tropf. Wir sprachen nicht, sie zog mich runter und so blieben wir einige Zeit, bis mir leicht schwindelig wurde und ich einen Stuhl heranzog und mich setzte. Der Arzt war weg, durch eine Scheibe sah man die Schwestern. Es dauerte lange bis sie sprach. Nach der Schulabschlussfeier letzten Freitag hatte plötzlich Luigi, ein italienischer Handelsreisender, vor ihr gestanden, den sie im vorigen Jahr eine Zeit lang mehrfach in der Stadt getroffen hatte. Weil er nett war und sie öfter zum Essen einlud, verriet sie ihm damals die Adresse ihrer Schule, damit er sie dort abholen konnte. Ohne Abschied war er dann aber abgereist und hatte nur an der Rezeption seines Hotels einen Zettel hinterlassen, dass er irgendwann mal wieder nach Seoul kommen würde. Nichts weiter ist passiert damals, versicherte sie mir. Diesmal wollte er sie auch nur für diesen Abend einladen, denn am anderen Morgen würde er schon wieder abreisen, habe er hoch und heilig versprochen. Sie habe sich überreden lassen und auch keinen Verdacht geschöpft, als im in der Nähe wartenden Auto ein zweiter Italiener saß, den er als seinen Freund vorstellte. Zu dritt habe man im Bando-Hotel zu Abend gegessen. Dann wollten sie noch kurz in der Bar etwas trinken, an alles weitere habe sie keine Erinnerung mehr. Ich möge ihr bitte bitte glauben, sie habe doch nur mich. Sie wüsste, dass das ein schlimmer Fehler war.

Da sie die Operation nicht erwähnte, war ich mir im Unklaren, ob sie vom Arzt aufgeklärt worden war. Vorsichtshalber sagte ich nichts und ging für Soo „mal kurz zur Toilette", suchte aber danach sofort den Arzt. Die Schwestern waren hilfreich, und nach 5 Minuten war er da. Er bestätigte mir, dass Soo zwar wusste, dass sie misshandelt worden war und dabei angesteckt wurde, bisher aber nicht über die Folgen der Unfruchtbarkeit aufgeklärt wurde. Meine Skepsis war also begründet und nun lag der schwarze Peter bei mir. Da aber Eile nicht geboten war, ihre Entlassung laut Aussage der Schwestern noch nicht zur Debatte stand, konnte ich mich zunächst um mich selbst kümmern und versuchen, wieder klare Gedanken zu fassen. Ich versprach, morgen nach Dienstschluss wieder bei ihr zu sein und fuhr heim. Es dauerte lange bis ich einschlief.

Am nächsten Morgen war ich eine halbe Stunde früher als üblich unterwegs in Richtung

Seoul und steuerte direkt das Bando-Hotel an. Mein Verlangen nach dem Empfangs-Chef brachte zunächst nur viele Fragen nach dem Warum. Ich zeigte meinen Dienstpass und wurde energischer. Das half, ich wurde in ein kleines Nebenzimmer geführt und sollte dort warten. Zu meinem Erstaunen betrat ein Europäer das Zimmer und stellte sich vor. „Sendner, ich bin der Geschäftsführer dieses Hotels, womit kann ich dienen?" Er sprach deutsch mit österreichischem Dialekt. Wir setzten uns und ich beschrieb ihm in allen Einzelheiten, was ich von Soo erzählt bekommen hatte. Er unterbrach mich nicht. Ich schlug vor, dass er für mich genau ermitteln solle, ob ein Italiener mit Vornamen Luigi in diesem Hotel gewohnt habe und wie sein genaues Abreisedatum lautete. Dazu verlangte ich eine genaue Beschreibung, in welchem Zimmer Soo gefunden wurde und von wem, so dass ich die Person selbst noch befragen könnte. Ich versprach ihm, die Polizei außen vor zu lassen, wenn meinen Wünschen schnell entsprochen würde. Er gab mir sein Versprechen, alles schnellstens aufklären zu wollen, bat aber seinerseits um Diskretion, ich sollte vor allem mit keinem anderen Personal seines Hotels in direkten Kontakt treten. Das war verständlich, wir verabredeten, dass er mich in der Botschaft anrufen werde. Als ich gegangen war wurde mir klar, dass er längst Bescheid wusste und sein Empfangs-Chef auch im Bilde war, und ich deshalb vorhin nach Vorzeigen meines deutschen Dienstpasses gleich direkt zu ihm gleitet worden war.

Meine Besuche im Krankenhaus, meist zwei mal täglich, brachten keine neuen Erkenntnisse über die schreckliche Tat, festigten aber bestimmt Soos Vertrauen zu mir und ihren Glauben an die Menschheit. Inzwischen hatte sie auch ihre Mutter unterrichten lassen, die dann natürlich sofort aufgetaucht war, aber mir zum Glück dabei nicht begegnete. Für eine solches Kennenlernen konnte ich mir bessere Orte vorstellen. Was sie ihrer Mutter als Grund für ihre Krankenhaus-Einlieferung gesagt hatte, verschwieg Soo mir. Ich fragte auch nicht danach, es war ihr Problem.

Nach zwei Tagen hatte Herr Sendner vom Bando-Hotel alle Information zusammen und berichtete mir ausführlich, wieder im kleinen Besprechungszimmer hinter der Rezeption. Zwei italienische Gäste waren an besagtem Morgen sehr früh abgereist und hatten den Hotel-Bus zum Flughafen genommen. Eine junge Frau wurde vom Zimmer-Service erst gegen 10 Uhr in einem der beiden Zimmer dieser Herren im dritten Stock entdeckt. Man habe sofort den Hotel-Arzt gerufen, der den sofortigen Transport ins Krankenhaus veranlasst habe. Eine Tasche oder Ausweispapiere der unbekannten jungen Frau habe man nicht gefunden. Alle meine Vermutungen wurden damit bestätigt. Soo war zum falschen Zeitpunkt am falschen Ort, zwei Ganoven waren flüchtig und würden voraussichtlich nie nach Korea zurückkehren. Somit erübrigten sich für mich alle weiteren Recherchen, es wäre nur Zeitverschwendung gewesen.

Die Hochzeit von Um Tae-young

Ich hielt mein Versprechen, chauffierte meinen Arbeitskollegen Um mit frisch angetrauter Ehefrau an seinem Hochzeitstag im weißen Karmann-Ghia durch Seoul. An der hinteren Stoßstange hingen mindestens 50 klappernde Blechdosen. Laut hupende Autos hinter uns entpuppten sich als koreanische Arbeitskollegen des Hochzeitspaares. Nach der kirchlichen Zeremonie in der Kathedrale von Seoul wurde im Saal eines Kulturzentrums gefeiert, meine Tischnachbarn waren Deutschlehrer, das passte mir heute gut. Ohnehin lief alles ziemlich „europäisch" ab, unter den mehr als 200 höchst festlich gekleideten Gästen waren auch Koreanerinnen in meinem Alter ohne Begleiter. Ich war aber nicht in der Stimmung auf neue Bekanntschaften, vermisste Soo sehr, die sich auf diese Hochzeit unbändig gefreut hatte. Ich blieb nur bis zum Tee am Nachmittag, so bekam Soo am Krankenbett brühwarm meinen ausführlichen Bericht und mein Versprechen auf viele Fotos, die ich gemacht hatte.

Am Nationaltag der Amerikaner, alle Militärlastwagen waren mit dem Sternenbanner geschmückt, hatte Soo endlich mal eine gute Nachricht für mich. Ihre Fäden waren gezogen worden. Eine senkrechte Narbe vom Bauchnabel handbreit nach unten, die mehr einer Kraterlandschaft als einer chirurgisch einwandfreien Schnittstelle glich, schockte mich gewaltig. Sie tröstete mich und meinte, der Arzt habe gesagt, dass man das später nacharbeiten würde. Ich blieb skeptisch. Ein Weltuntergang war es aber auch nicht, wenn Bikini nicht mehr geht, gehen eben Badeanzüge. Hoffnung auf einen Entlassungstermin konnte sie mir noch nicht geben, Langeweile habe sie aber nicht. Berge von Büchern bei ihr im Zimmer, wo inzwischen zwei weitere Patientinnen lagen, und in Regalen auf dem Flur beruhigten mich.

Der Sommer verlief zunächst unspektakulär, ich besuchte oft die amerikanischen Supermärkte, Kinos und Sportanlagen. Ich fand eine Volleyball-Gruppe, bei der ich mitmachen konnte und spielte hin und wieder auch Tennis, aber auf ganz kleiner Flamme. Eine weitere Kurierreise nach Tokio brachte Abwechslung, mehr aber auch nicht. Müsste ich in Japan leben, wäre mir sogar Korea lieber als die Hektik in der Millionen-Metropole Tokio mit der ständigen Angst vor Erdbeben.

Einmal luden mich Tae-young und Herr Son zu einem Besuch ins Hallenschwimmbad ein. Das war ein echtes Abenteuer für mich, denn Frauen und Männer betreten das Bad durch getrennte Eingänge, schwimmen dann aber im selben großen Becken. Quer durch die Schwimmhalle und bis 5 cm über dem Wasserspiegel hängt jedoch ein riesiger schwerer Vorhang, der alle Sicht zur anderen Seite versperrt. Da die meisten

Männer offenbar nicht schwimmen können, hängen sie am Beckenrand herum. Doch die Schwimmer, und dazu zählten meine Gastgeber, treffen sich in der Mitte am Vorhang und gönnen sich einen Blick unter dem 5 cm Spalt hindurch zur anderen Seite des Beckens. So kann man die Damen-Bademode studieren, ohne extra an den Strand oder zum Chung Pyung See fahren zu müssen.

Tae-young und seine Braut

Brautpaar vor dem Altar der Kathedrale von Seoul

Abenteuer Ostküste mit Schutzengel

Endlich wurde Soo entlassen, sie lag nun auf unserem Sofa oder im Liegestuhl auf der Terrasse. Langsam normalisierte sich ihr Zustand, um richtig fit zu sein würde es aber wohl noch dauern. Sie trauerte immer noch mehr um ihren verstorbenen Vater als um die Narbe auf dem Bauch. Wir schmiedeten Reisepläne und manchmal auch Zukunftspläne. Sie fragte mich zum Beispiel, ob Ehefrauen von Botschaftsangestellten auch Dienstpässe bekämen. Das bejahte ich, musste aber einschränken „leider nur deutsche Staatsangehörige". Ich fragte sie, in welches Land auf der Welt sie gern mal verreisen würde.

Die Umgebung von Seoul hatten wir nach kurzer Zeit komplett abgegrast und wollten so bald wie möglich nach Pan-mun-jom, den Grenzposten am 38. Breitengrad, wo sich Nord- und Südkorea feindlich gegenüber standen, allerdings nicht südkoreanisches Militär sondern UNO-Blauhelme, meist Amerikaner. Mein Wunsch war auch, die 250 Kilometer entfernte Ostküste zu besuchen. Man riet mir dazu aber von allen Seiten ab, zu wild sei das Meer, zu gefährlich die Schotterstraße, vor allem für einen Sportwagen.

Die Reise an die Ostküste verwirklichten wir dennoch schon kurz darauf. Wie gehabt voll bepackt mit Zelt und Proviant und einem vollen 45 Liter Militär-Reserve-Kanister, der hinter meinem Sitz stand. Bestes Wetter, wenig Regen in den vergangenen Tagen, also keine Hochwassergefahr, und zwei freie Tage zusätzlich zum Wochenende als Entschädigung für den an einem Wochenende stattgefundenen Botschafts-Umzug.

Auf unserer Route nach Osten konnten wir am Chung Pyung See entlang und bis Chuncheon auf Asphalt-Strassen fahren, danach waren es nur noch Schotterpisten, oft sehr schmal und nicht selten matschig. Über große Flüsse führten meist nur einspurige Brücken, einmal kurz vor Chuncheon auch eine richtige Fähre, die auch für LKW groß genug war, ähnlich denen, die ich von der Weser kannte. Da es hier am Bukhan-Fluss keinen Schiffsverkehr gab, lag das Seil im Wasser und der Fährmann bewegte die Fähre mit einer Stange vorwärts zum anderen Ufer. An der Weser waren Fährseile an 10 Meter hohen Masten gespannt, und die Fähren hießen deshalb Hochseilfähren. Kleine Bäche durchqueren wir in Furten, denn die Brücken waren beim kürzlichen Jahrhunderthochwasser ausnahmslos weggeschwemmt worden. Nur einmal schien mir zu viel Wasser in der Furt zu sein und ich versuchte es über eine Betonbrücke ohne Geländer, die aber nur sehr schmal war. Zudem hatte sie in der Mitte einen leichten Knick nach links, bei dem mein linker Hinterreifen nur noch zur Hälfte auf Beton stand. Ich stieg aus, was nicht leicht war so über dem Fluss hängend. Auch vorn rechts war nicht mehr die volle Reifenbreite auf dem Beton. Also bin ich wieder eingestiegen, habe drei Mal toi-toi-toi auf Holz geklopft und bin langsam mutig weiter gefahren. Es ging glatt, aber ich wusste schon jetzt, dass ich auf der Rückfahrt bestimmt durchs Wasser fahren würde, egal wie hoch es dann wäre.

Die Ostküste mit ihrem endlosen Sandstrand und dem schäumend aufgewühlten Meer verschlug uns die Sprache. Parallel dazu verlief eine Straße, die besser ausgebaut war als die auf der wir gekommen waren. Wir fanden sogar einen kleinen Seitenweg Richtung Strand und parkten das Auto. Für das Zelt suchten wir einen kleinen Hügel aus mit gutem Überblick auf Meer und Berge. Dann hielt uns nichts mehr, Badesachen an und ab an die dröhnende Brandung. So wild hatte ich das Meer nicht mal in Afrika erlebt, nur vor vielen Jahren in Portugal nach einem Orkan und mit vielen Bootstrümmern vor den Felsen. Felsen waren hier nirgends zu sehen, nur hin und wieder gewaltige Findlinge. Wir lagen lange im warmen Sand. Baden ging nicht, zu steil die Kante, wo das Meer den Sand förmlich bei jeder Welle in die Luft katapultierte.

Abends, wir hatten gerade unser Lagerfeuer entfacht, bekamen wir Besuch von Militärs. Die koreanischen Uniformierten verlangten höflich bestimmend einen sofortigen Abbau des Zeltes, und zwar zu unserer Sicherheit. Jede Nacht würde am Strand geschossen, um Spione abzuschrecken, die vielleicht übers Meer von Nord-Korea in kleinen Booten oder schwimmend versuchten, in den Süden einzudringen. Das leuchtete uns ein, wir baten um Hilfe für die Suche nach einem geeigneten Ersatzplatz, die uns auch großzügig gewährt wurde. Der Jeep fuhr vorweg und nach mehreren Kilometern erreichten wir einen Kontrollpunkt mit Sportplatz und kleiner Infrastruktur. Es gab eine Toilettenanlage, Duschen, und sogar einen Grillplatz, wer hätte das gedacht. Unser Zelt sollte aber bitte daneben am Waldrand stehen, man wolle keinen Ärger mit dem Chef. Alles war viel besser als erwartet. Es wurde eine ruhige Nacht, kein Schuss war zu hören, nur das Tosen der Brandung.

Am nächsten Tag hatte sich das Meer sichtlich beruhigt, der Wind kam jetzt von der Bergseite. Wir testeten die Wassertemperatur mit den Zehenspitzen, eisig ! Eine Wanderung am Strand entlang war dagegen Erholung pur, besonders weil wir die Schuhe ausgezogen hatten und die nassen Bereiche durchliefen, immer wieder weggejagt von den Ausläufern schwerer Wellen. Mittags waren wir zurück und durften den Grillplatz benutzen, konnten unseren Mini-Grill eingepackt lassen. Holz lag genug herum, bald schon schmeckten uns die Hamburger, die man tiefgefroren im PX, so heißen die amerikanischen Militärläden, kaufen konnte. Wir hatten sie in unserer Kühlbox mitgebracht. Steaks, die es im PX auch gab, waren nicht unbedingt unser Geschmack. Zu den Hamburgern hatte Soo leckeren Salat mit Mayonaise zuhause selbst hergestellt.

Nachmittags nahmen wir wieder unsere Badesachen und marschierten Richtung Meer. Ich wollte endlich schwimmen und testete vorsichtig die Möglichkeiten, sicher ins Wasser zu kommen. Aber immer kam nach wenigen Metern eine Kante, die man vorher nicht sehen konnte, wo es steil bergab ging. Ich gab mein Ansinnen auf, vorerst jedenfalls. Wir legten uns auf unsere Decke und lasen in mitgebrachten Büchern. Soo gestand mir, dass zwei davon aus dem Krankenhaus stammten, weil dort aber Bücher im Überfluss lagen, sei das sicher nicht aufgefallen. Es waren englische, nicht koreanische Bücher. Eines hieß „The Making of a Quagmire" von David Halberstam und es handelte vom Anfang des Vietnam Krieges, der inzwischen voll im Gange war. Täglich standen grausame Berichte in der englischen Presse in Seoul. Halberstam hatte für dies Buch gerade den Pulitzer Preis erhalten. Soo war echt gut unterrichtet, offenbar hatte sie im Krankenhaus viel Zeitung gelesen. Eine Frau, die ein Kriegsbuch liest, gibt es auch nicht alle Tage, dachte ich und fragte nicht weiter, obwohl mich interessiert hätte, wieso sie gerade an Vietnam geraten war. Koreaner müssten doch eigentlich von Kriegen die Nase voll haben, dachte ich. Ich las ein Buch aus der Bibliothek der Botschaft, den Titel habe ich vergessen. Mit unserem Kofferradio hielten wir über Kurzwelle den Kontakt mit Deutschland, die Deutsche Welle hatte zuweilen auch aktuelle Musik im Programm.

Auch die zweite Nacht blieb ruhig. Wir hatten seit wir hier waren nicht ein einziges Schiff zu Gesicht bekommen, dafür um so mehr Hubschrauber und andere militärische Objekte. Heute liefen wir auf unserer Wanderung in die andere Richtung am Strand entlang und entdeckten eine Stelle, wo das Ufer flacher zu sein schien. Hier könnten wir bestimmt nachmittags, wenn die Sonne den Sand aufgewärmt hätte, noch mal einen Schwimmversuch starten. Gesagt, getan, und wirklich konnte man so weit ins Wasser laufen, bis auch Schwimmen möglich war, allerdings immer mit schweren Brechern, die bestimmt bei Surfern großes Entzücken verursacht hätten. Mehrmals wurde ich von diesen Monstern auf den Strand zurück geworfen. Soo blieb lieber dort, wo man sitzend auch komplett nass wurde. Sie konnte zwar schwimmen, in Korea schon etwas Besonderes, aber nur für den Hausgebrauch. Ihre Mutter hatte immer behauptet, wer nicht schwimmen geht, kann auch nicht ertrinken. Ihr Sportlehrer war anderer Ansicht, so wie ich es gewohnt war von zuhause, wer schwimmen kann ertrinkt nicht. Es kann aber auch mal daneben gehen.

Irgend wann hat mich dann der Hafer gestochen und ich bin unter der großen Welle durchgetaucht. Dahinter war es entspannter, man konnte sich treiben lassen, brauchte nur wenige Bewegungen um zu schwimmen. Ich lag auf dem Rücken und träumte, merkte viel zu spät, dass ich schon mindestens 100 Meter seitlich abgetrieben worden war. Gegen diese Seitenströmung konnte ich nicht anschwimmen, versuchte also, mit der nächsten großen Welle wieder näher zum Ufer zu kommen. Ohne Erfolg, auch der zweite Versuch kostete viel Kraft und brachte nichts. Langsam sann ich über Lösungen nach, der misslichen Lage zu entkommen. Es blieb schwierig. Nach einer Pause der dritte Versuch, die Welle war kleiner, ich kam durch, aber nicht ans Ufer, denn nun warf mich eine Unterströmung sofort wieder zurück. Die nächste Welle warf mich weit zum Ufer, das hier aber eine steile Kante hatte, nasser und rutschiger Sand. Ich wollte mich festkrallen, rutschte aber zurück ins Wasser und in die Unterströmung. Langsam ließen meine Kräfte nach und ich bekam Panik. Soo war nicht mehr zu sehen, ich weiß nicht ob sie mein Verschwinden überhaupt schon bemerkt hatte. Jetzt kam ich auf die Idee, mich seitlich vom Wasser mitnehmen zu lassen in der Hoffnung auf eine Stelle ohne Steilufer und vielleicht flacherem Strand. Das klappte, eine der besonders großen Wellen warf mich so weit, dass ich mich im Sand festhalten konnte und weiter robben, bis ich in Sicherheit war. Ich glaube, ich habe dort erst mal eine viertel Stunde gelegen und an nichts weiter gedacht als an das Glück, das ich im Leichtsinn gehabt hatte. Es gibt eben doch Schutzengel. Von weitem sah ich Soo auf mich zu rennen, stand auf und rannte ebenfalls. „Nie wieder Schwimmen an der Ostküste" sagte ich zu ihr. „So ein Glück kann man nicht zweimal haben" fügte ich noch leise hinzu. Wir packten unsere Sachen und gingen ganz langsam zum Zelt zurück. Erst beim Abendessen fing ich wieder an zu reden. Ich erzählte Soo, dass das heutige Ereignis nicht das erste war, bei dem ich ganz knapp dem sicheren Tod entgangen war. Aber zum ersten Mal war ich selbst der Verursacher. Nachher im Zelt würde ich ihr davon mehr erzählen. Ich wusste damals zum Glück noch nicht, dass weitere solcher Ereignisse schon bald folgen würden.

Wir lagen schon im Schlafsack, mit Reißverschlüssen aus zwei einzelnen zu einem großen verwandelt, als Soo mich an mein Versprechen erinnerte. Also erzählte ich ihr von meinem Stiefvater, der mir immer das Radio hören von Sendungen mit Chris Howland verboten hatte. Der war ein englischer Radio-Ansager, der in seiner Musik-Sendung beim Norddeutschen Rundfunk absichtlich falsches Deutsch sprach, was damals für uns Jugendliche Kult war. Also konnte ich seine Sendung nur im Haus von Schulkameraden hören. Als wieder mal meine Tante Grete aus Burgsteinfurt bei uns zu Besuch war, alle im Garten saßen und feierten, ich aber nicht zu meinem Freund gehen durfte, verkroch ich mich und hörte heimlich in meinem Zimmer die verbotene Sendung. Ich hatte nicht damit gerechnet, dass mein irrer Stiefvater den Sendetermin von Chris Howland genau im Kopf hatte. Zum Glück hörte ich ihn kommen, schon von weitem brüllte er. Eilig sprang ich aus dem Fenster in den Garten, lief quer durch die Gäste auf die Straße, mein Stiefvater hinter mir her. Als er merkte, dass er mich nicht mehr einholen konnte, schmiss er ein Bierglas, das er noch in der Hand hatte, hinter mir her. Genau in dem Moment war ich stehen geblieben und schaute mich um. Das Bierglas traf mich am Hals und zersplitterte. Am Hals lief das Blut, ich hörte meine Tante meinen Stiefvater anbrüllen, der sich sofort verzog. Mehrere Frauen kümmerten sich um mich und brachten mich ins nur wenige hundert Meter entfernte Krankenhaus, wo meine Halsschlagader abgedichtet wurde. Der Arzt sagte hinterher zu meiner Mutter, dass ich sehr viel Glück gehabt hätte.

„Und das zweite Mal?" fragte Soo. Also gut, ich erzählte ihr auch die zweite „So-gutwie-tot"-Geschichte. Sie spielte sich seltsamerweise auch wieder nahe meiner Tante Grete ab. Diesmal bei Altenberge, wo ich mir während des Heimaturlaubs nach der Rückkehr aus Afrika ein Baugrundstück angesehen hatte. Auf der Rückfahrt nach Burgsteinfurt fing es irre an zu regnen. Gerade hatte ich die Kurven nahe dem Eiskeller hinter mir und vor mir nur noch die lange gerade Strecke nach Borghorst, als ein LKW entgegen kam. Wegen der Spurrillen im Asphalt warf er eine riesige Wasserfontäne nach rechts und links. Deshalb fuhr ich besonders weit rechts. Genau als der LKW neben mir war, schoss von vorn ein PKW zwischen mir und dem LKW durch, mein linker Außenspiegel flog weg. Das war auf einer normalen Bundesstraße mit zwei Fahrspuren, nicht besonders breit und ohne den heute üblichen Randstreifen, und an beiden Seiten dicke Lindenbäume. Auf einem davon hatte bestimmt mein Schutzengel gesessen. Wir schliefen ein und träumten bestimmt von Schutzengeln.

Während der Rückfahrt auf derselben Strecke, die wir auch gekommen waren, es gab nur diese eine Straße nach Seoul, legten wir öfter Pausen ein. Bei einer Gruppe Bauern, die auf dem Feld gearbeitet hatten und nun zusammen saßen und sich auf den Heimweg vorbereiteten, blieben wir sogar länger. Soo unterhielt sich mit ihnen, was offenbar von allen als so interessant empfunden wurde, dass keiner weg wollte. Sie hatten Reisschnaps dabei und ermunterten auch mich, wenigstens einen Schluck zu probieren. Ich blieb aber standhaft, zu groß die Gefahr, mit Fahne am Steuer erwischt zu werden. Probleme mit dem Durchqueren von Bächen gab es auf der Rückfahrt nicht, es hatte ja nicht geregnet. Auf einer Passhöhe machten wir wieder eine Pause und waren begeistert von der klaren Fernsicht und der Natur um uns herum. In der Nähe fiel uns ein dicker Felsblock auf und wir verschlossen das Auto und liefen hin. Er wurde immer größer, und als wir ihn erreichten erschlug uns sein gewaltiger Anblick. Er hing förmlich an einem Bergvorsprung, in der Form eines überdimensionalen Hühnereis, darunter eine große Öffnung in den Berg, eine Art Höhleneingang. Dort saß ein Mensch an einem kleinen Tisch und malte. Wir fragten, ob wir ihm zuschauen dürften und er nickte zustimmend. Soo baute dann schnell ein Gespräch mit ihm auf und wir erfuhren, dass er ein Einsiedler sei, schon lange hier oben wohne und vom Malen religiöser und historischer Bilder lebe. Wir durften einige seiner Werke bestaunen und fanden eines davon so gut, dass wir nach dem Preis fragten. Der war erschwinglich und so gehörte seit dem ein sehr buntes Bild eines alten Ritters mit Helm und Säbel auf einem weißen Pferd, das im Verhältnis zum Ritter viel zu klein zu sein schien, zu unserem Kunstschatz.

Nach weiteren fünf Stunden Fahrt kamen wir am späten Nachmittag wieder in UN-Village an. Wir beschlossen, dass Soo sich morgen an der Adresse ihrer Mutter abmelden und bei mir anmelden sollte. Danach würden wir alle ihre Habseligkeiten zu mir holen und ihre Mutter in unsere Pläne einweihen. Soo war nun auch einverstanden, dass sie uns in UN-Village besuchen durfte wenn sie das mochte.

Hochwasserschäden auf dem Weg zur Ostküste

Auf der besonders schmalen Brücke

Lange einspurige Brücke hinter Chuncheon

Auch auf dem Weg zur Ostküste

Viele Schäden nach Jahrhunderthochwasser

Alte Steinfigur am Strand der Ostküste

SooRyun und die Ostküste

Der Einsiedler unter dem dicken Stein...

...malt eine Koreafahne

Auf einer Fähre auf der Rückfahrt vom Ostküstenstrand

Vom Einsiedler gemalter „Krieger mit Schwert"

Ungewöhnlicher Besuch

Besuche bekamen wir jetzt immer öfter. Nicht nur Soos ehemalige Klassenkameradinnen fanden es schick, bei uns Tee-Klatsch abzuhalten, sondern auch meine koreanischen Arbeitskollegen nahmen unsere Einladungen immer gern an. Tae-young , mein Arbeitskollege Herr Um, war inzwischen mein Freund und wir duzten uns. Er hatte sogar einmal eine Gruppe koreanischer Geschäftsleute im Schlepptau, sich allerdings vorher angemeldet und gefragt, ob er ihnen ganz unverbindlich meine deutschen Badehandtücher zeigen dürfe. Die elegant und förmlich gekleideten drei Herren nahmen sie ganz intensiv unter die Lupe, also zwischen die Finger. Dabei diskutierten sie ununterbrochen und waren ganz aus dem Häuschen. Tae-young fragte mich auf deutsch, ob ich auf ein oder zwei von den Handtüchern verzichten würde, damit er sie den Herren schenken könnte. Das wurde untermauert mit dem Angebot, dass ich dafür das dreifache an koreanischen Handtüchern als Geschenk bekäme. Kein schlechter Tausch dachte ich und stimmte zu. Zehn große Badehandtücher in tollen Farben mit chinesischen Mustern gegen drei langweilige einfarbige, wenn das kein Volltreffer ist. Befühlte man sie allerdings eingehend, erkannte man sofort den tieferen Sinn der Tauschaktion. Alle Beteiligten waren erfreut und sehr zufrieden, entsprechend fiel der Abschied nach zwei Stunden aus.

In der Botschaft war die Neuigkeit aus Bonn eingetroffen, dass in naher Zukunft Bundespräsident Heinrich Lübke nach Korea reisen werde. Botschafter Ferring nutzte sofort die Chance und schrieb nach Bonn, dass dazu die jetzigen Möbel in der Botschaft nicht mehr standesgemäß wären und durch neue ersetzt werden müssten. Dafür hatte er mich spontan als Organisator ausgeguckt. Bei der Gelegenheit wollte er auch wissen, ob ich noch mit der jungen Koreanerin zusammen sei. Als ich bejahte, fügte er hinzu, dass die Einladungen, die gerade für sein Sommerfest verteilt würden, in meinem Fall unbedingt auch für SooRyun gälte. Kurz vor Feierabend verteilte Tae-young die Einladungen. Auch er fragte sofort wieder nach SooRyun, wie es ihr gehe und ob sie bei der Gartenparty dabei sei. Tae-young war von mir als einziger in die Sache „Horror-Abenteuer im Bando-Hotel" eingeweiht worden. Ohne seine guten Ratschläge und oft auch moralische Unterstützung wäre in den letzten Wochen vieles nicht so glatt verlaufen. Ich muss noch erwähnen, dass wir gleichaltrig waren. Er war die jüngste Ortskraft, nach meiner Einschätzung dennoch die schlaueste. Dolmetscher Son, auch ein sehr gebildeter Herr, um die dreißig, hatte kürzlich gekündigt. Sein Nachfolger, Herr CHUNG Han nyun, so um die vierzig, war sein netter freundlicher Nachfolger. Irgendwie passte er zu Tae-young und mir, so dass wir des öfteren die Frühstückspause zusammen im Teesalon verbrachten und über Gott und die Welt diskutierten.

Unruhige Zeiten

Anfang August begannen überall im Lande Studentendemonstrationen für mehr Demokratie. Täglich waren irgendwo in der Stadt Straßen abgesperrt. Besonders vor dem Rathaus flogen Steine gegen Polizisten, die sich mit Tränengas wehrten. Aus dem 9. Stock unserer Botschaft konnten wir die Lage immer gut beobachten. Als an einem dieser Tage allerdings die Studenten unerwartet vom Rathaus her in unsere Straße marschierten und ich meinen Karmann-Ghia zufällig direkt vor der Tür in Schrägaufstellung geparkt hatte, anstatt auf dem Parkplatz hinter dem Haus, wurde es kritisch. Man musste mich dummer Weise auch erst suchen , weil ich mich gerade nicht in meinem Büro aufhielt. Ich erreichte mein Auto aber nicht mehr, denn der Sicherheitsdienst hatte alle Ausgänge im Gebäude verschlossen und riet mir, auf keinen Fall hinaus zu gehen. So stiegen wir auf das Flachdach, das ringsherum eine Mauerbrüstung hatte, und beobachteten alles von oben. Die Menschenmenge war riesig, aber mein Auto blieb heil. Wohl auch weil die Polizisten sich an diesem Tag nicht quer vor die Studenten stellten sondern vor und hinter ihnen her gingen. Bestimmt war mein Schutzengel wieder in der Nähe gewesen.

Als die Demos sich die folgenden Tage noch verstärkten, brannten in der Nähe des Präsidentenpalastes auch schon mal Autos. Nahe der Botschaft blieben weitere Proteste der Studenten aber aus, dafür flammten Auseinandersetzungen mit der Polizei durch wütende Bewohner von Behelfshäusern auf, deren Quartiere abgerissen werden sollten, um Platz für Großbauprojekte zu machen. Das zog sich in der ganzen Gegend über mehrere Monate lang hin.

Der „Tag der Befreiung", ein koreanischer Feiertag immer am 15. August, wird gleich aus zwei Anlässen heraus gefeiert. 1945 ergaben sich an diesem Datum die Japaner und genau drei Jahre später wurde die Republik Korea ausgerufen. Das Gartenfest des Botschafters fiel nur zufällig auf diesen Feiertag, der ein Sonntag war. Es begann schon mittags mit reichhaltigem Büffet und übertraf auch sonst alle meine Erwartungen. Eine Musikgruppe in Trachten spielte auf alten koreanischen Instrumenten. Besonders gefiel mir die Musik, die auf einer Art Zither gespielt wurde, einem sehr alten Saiteninstrument, das in Korea schon im sechsten Jahrhundert am Königshof bekannt war, es wird Kayagum genannt. Eine ältere Dame, mit gekreuzten Beinen auf dem Boden sitzend, das Instrument quer auf den Knien, ließ ihre Finger so schnell über die 12 Saiten gleiten, dass man kaum mit den Augen folgen konnte. Sie spielte perfekt und ihr begleitender Gesang war auch nicht zu verachten. Gäste von anderen Botschaften und Konsulaten hatten ebenfalls traditionelle Instrumente mitgebracht und sorgten damit für heitere

Abwechslung. Die amerikanischen Gäste sprachen über den sich verstärkenden Krieg in Vietnam. Von ihnen erfuhr ich auch, dass seit einigen Tagen der Truppenaustausch zwischen Korea und den USA nicht mehr nur per Schiff sondern auch mit Flugzeugen des Typs Boeing 727 bewerkstelligt wurde. Bundeskanzler Ludwig Ehrhardts erfolgreiche Wirtschaftspolitik war ebenfalls Gesprächsthema. Soo, nach langer Pause wieder zurück in der Gesellschaft, fiel sowohl durch ihre Garderobe wie durch den Umstand auf, dass sie erstmals mehr auf deutsch als englisch sprach. Für mich war ein intensives Gespräch mit dem Kanzler der amerikanischen Botschaft das Beste an diesem Tag. Er zeigte sich erstaunt, dass ich Pan-mun-jom noch nicht besucht hatte. Ich versprach ihm, es bald nachzuholen.

Als ich mich einige Tage später nach den Reisemöglichkeiten nach Pan-mun-jom erkundigte, ich wusste dass Besuche mit eigenem Fahrzeug nicht in Frage kamen, war meine Enttäuschung groß, dass Koreanern der Zutritt verwehrt war. Vorsichtig brachte ich es Soo bei, aber sie hakte dies Thema schnell ab. Fahr bei passender Gelegenheit rauf, nimm auf mich keine Rücksicht, meinte sie. Die Gelegenheit bot sich schon bald. Ich schloss mich einer amerikanischen Reisegruppe an, für die Armee-Busse zur Verfügung standen. Besuche waren nur erlaubt wenn gerade keine Kriegs- oder Friedens-Gespräche im Sondergelände stattfanden. Dieser Besuch an der heißen Grenze zu Nordkorea war für mich weniger spektakulär als ich dachte. Viel Show und wenig Information, dazu ständige Hinweise auf was man nach dem Aussteigen aus den Bussen alles besser nicht tun sollte, gingen mir auf den Geist. Am besten gefiel mir die Tatsache, dass die Nordkoreaner ihre weißen Brieftauben so abgerichtet hatten, dass sie sich nur auf die Dächer ihrer eigenen Baracken setzten, nie auf die der UNO-Baracken. Die „Friedens"-Tauben reagierten offensichtlich auf Farben, denn die nördlichen Dächer waren grün, die der UNO blau gestrichen. Die Baracke, in welcher sich beide Konfliktparteien regelmäßig an einem langen Tisch trafen, wobei die Tischmitte der 38. Breitengrad war, so dass niemand von beiden Delegationen Feindesland betreten musste, durften wir besichtigen. Für nur 30 Minuten wurde es uns erlaubt, auf dem gesamten Areal herum zu laufen, dann hupten die Busse zur Rückfahrt.

Mit meinem Besuch in Pan-mun-jom hatte ich gerade noch Glück gehabt. Wegen der sich ausweitenden Kämpfe der Amerikaner gegen den Kommunismus in Vietnam wurden für längere Zeit die Besuche am 38. Breitengrad ausgesetzt. Zu groß die Angst, dass Nordkorea einen überraschenden Ablenkungsangriff starten könnte.

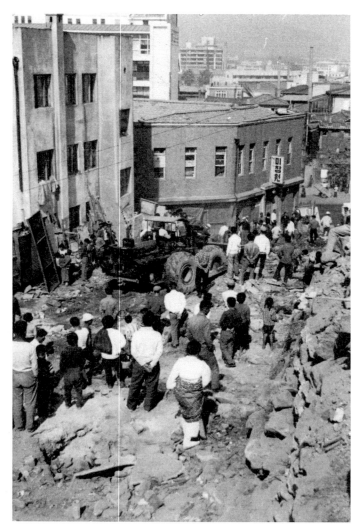

Hütten müssen dem Neubau von Hochhäusern weichen

Gebäude an der Demarkationslinie ...

... in Panmunjom

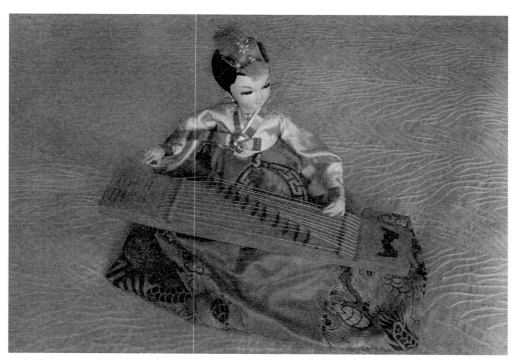
Puppe im Nationalkostüm mit Kayagum

Reisepläne

Durch puren Zufall hatte ich erfahren, dass eine der beiden anderen entsandten Schreibkräfte der Botschaft höher nach BAT eingestuft war und somit besser bezahlt wurde als ich. Die Dame schrieb ausschließlich Briefe nach Diktat, hatte das Chiffriergerät und das Funkgerät nie angefasst. Gab es für sie wenig zu schreiben, lief sie in der Stadt herum. Weil sich die Meinungsverschiedenheiten zwischen mir und dem Kanzler über meinen inzwischen 100-prozentigen Einsatz in der Registratur, wohlgemerkt zusätzlich zu meinen anderen Aufgaben, nicht beilegen ließen, er über eine Höherstufung gar nicht erst reden wollte, schrieb ich am 18. August einen Versetzungsantrag ins Unreine und gab ihn mit der Bitte um Vertraulichkeit Herrn Schmidt zur Prüfung. Als ich ihn nach drei Tagen zurück erhielt und mit meiner Kopie verglich, war wenig von meinen Formulierungen übrig geblieben, doch meine Wünsche kamen klarer zum Ausdruck. Ich wunderte mich, dass er gar keinen Versuch machte, mich von meinem Vorhaben abzubringen. Stattdessen fragte er mich, was bei meiner möglichen Versetzung aus Soo werden würde. Ich blieb ihm diese Antwort zunächst schuldig, war mir selbst darüber noch nicht im Klaren. Seinen Textvorschlag habe ich unverändert gelassen und als Antrag am 24. August dem Botschafter zwecks Weiterleitung nach Bonn überreicht. Mein Antrag war hauptsächlich damit begründet, dass ich mit den Umständen an der Botschaft Seoul nicht klar käme und nun bitte an einen Dienstort versetzt werden wollte, wo ich meine technischen Fähigkeiten mehr einsetzen, möglichst auch erweitern, und dadurch eine bessere Besoldung erreichen könnte. Ich erwähnte zudem, dass ich nichts gegen Südamerika und Afrika, also Tropengebiete, einzuwenden hätte, ja sogar auf meinen Heimaturlaubsanspruch für die Koreazeit verzichten würde, wenn meinem Wunsch bald entsprochen werden könnte.

Tae-young weihte ich als ersten in meine „Fluchtpläne" ein, wohlwissend dass es dadurch bald alle Kollegen wissen würden. Keiner ließ sich irgend etwas anmerken, ich hatte sogar das Gefühl als wären sie plötzlich alle viel netter zu mir. Botschafter Ferring war zu seinem Heimaturlaub abgereist, sein Vertreter Dr. Schatzschneider kam mir nun ebenfalls auffallend freundlicher vor. Er riet mir, vorsorglich schon die Tropentauglichkeitsuntersuchung durchführen zu lassen, das würde unter Umständen Zeit sparen. Ich ließ mir aber Zeit, wollte erst mit Soo unsere Zukunft eindeutig geklärt haben.

Anfang September verbrachten wir zum x-ten Male ein Wochenende am Chung Pyung See. Dort fiel die Entscheidung. Mir war klar geworden, dass ich nicht ohne Soo von Korea weggehen könnte, zu groß meine Liebe zu ihr. Dass sie mich gleichermaßen liebte hatte sie mir oft genug bewiesen. Worte waren für uns beide nicht mehr nötig.

Wir waren zum ersten Mal vom See aus ganz den Berg hinauf gewandert, oder besser gesagt geklettert, hatten uns immer wieder gegenseitig geschoben und gezogen, wenn der Pfad fast unpassierbar wurde. Die Belohnung war ein grandioser Blick über den See und das Bukhan-Tal. Wir blieben bis zum Sonnenuntergang auf der kahlen Bergspitze. Den Berg hinunter steigen entpuppte sich als viel anstrengender und umständlicher als hinauf, so dass wir erst in der Dämmerung unser Zelt erreichten. Am Ufer sitzend fragte ich sie, ob sie sich vorstellen könne, mit mir nach Afrika oder sonst wo zu gehen. Sie umarmte mich, drückte mich nach hinten auf den Boden und so blieben wir liegen, ich weiß nicht wie lange. Auf der Rückfahrt nach Seoul saß Soo nur halb auf ihrem Sitz, hing mehr oder weniger an meiner rechten Schulter. Unsere Liebesgeschichte näherte sich dem Höhepunkt. Geredet haben wir vor dem Schlafen nicht mehr. Erst nach dem Frühstück am Sonntagmorgen machten wir die ersten Pläne.
Soo wollte so viel wie möglich Seidenstoffe mitnehmen für neue Kleider, die sie sich auch hier immer von einer Schneiderin hatte nähen lassen. Auch einige neue Möbel, von einem koreanischen Tischler gefertigt, wünschte sie sich. Erst danach fragte sie mich, ob wir vorher noch heiraten würden. Keine Frage, der deutsche Staat würde kaum ihre Reise bezahlen, wäre sie bis dahin nicht meine Ehefrau. Das leuchtete ihr ein und das Thema war für heute durch..

Nun nahte Chuseok, der höchste Feiertag in Korea neben Seollal, dem Neujahrsfest. Drei Tage sind arbeits- und schulfrei, und sie werden auch entsprechend benannt, also „Tag vor Chuseok", „Chuseok" und „Tag nach Chuseok". In diesem Jahr fiel Chuseok auf einen Freitag, den 10. September. Das bedeutete vier freie Tage am Stück. Um nicht ins Verkehrsgewühl zu müssen, meldete ich mich für den Bereitschaftsdienst an und bekam ihn auch. Soo und ich verbrachten ein ruhiges verlängertes Wochenende in unserem Haus und in der Sonne auf der Terrasse. Niemand störte uns, auch ein Anruf aus der Botschaft blieb aus. Es brauchte offenbar kein deutscher Staatsbürger außerplanmäßig unsere Hilfe. Wir hatten vor einer Woche einen Telefonanschluss erhalten, erreichbar als Nebenstelle über die Nummer der Wache am Tor von UN-Village. Benutzt hatten wir ihn noch nicht, wofür auch? Einen obligatorischen Abend-Spaziergang durch UN-Village machten wir natürlich an diesem Feiertag auch, denn es war Vollmond, wie immer an Chuseok, weil sich das koreanische Erntedankfest nach dem Mondkalender richtet. Ich kann mich noch genau erinnern, dass Soo mir dabei den Namen Chuseok, nämlich frei übersetzt mit Herbstabend, erklärte. Wir hatten Glück, der Himmel war wolkenlos, und die Mondscheibe spiegelte sich tatsächlich im Han-Fluss. Soo sang leise das Lied von der Jungfrau vor sich hin, das jedes Kind in Korea kennt. Es besingt den Mond, der sich nicht nur im See und im Meer, sondern auch in den Augen des Liebhabers spiegelt. Den Rückweg nahmen wir zwischen Flussufer und der Eisenbahnlinie, die unterhalb von UN-Village entlang führt und Seoul mit Wonju und Chuncheon verbindet.

Meine Vertrauensperson, Konsulatssekretär Schmidt, und der amtierende Botschafter, in der Fachsprache der Geschäftsträger, Legationsrat Dr. Schatzschneider, wurden kurz darauf von mir in meine Heiratspläne eingeweiht. Sie zeigten sich leicht irritiert. Auf ihren Wunsch hin trafen wir uns nach Feierabend im Teesalon. „Bitte ganz von Mensch zu Mensch und ohne jeden dienstlichen Auftrag" wollten sie mir dann doch den Rat geben, über alles noch einmal nach zu denken. Die Folgen könnten gewaltig sein, besonders finanziell. Eine „ausländische" Ehefrau, selbst nach einer Einbürgerung, sei im Auswärtigen Amt bisher immer hinderlich gewesen. Ich dankte ihnen für ihren mutigen freundschaftlichen Hinweis und ließ durchblicken, dass meine Entscheidung nicht von heute auf morgen gefallen sei. Herr Schmidt gab mir den Rat, wenn ich es ernst meinte, bald die Vorbereitungen für den enormen Papierkrieg zu treffen, der bei einer „Mischehe" in Korea von Nöten sei. Er bejahte meine Frage, ob er mir notfalls behilflich wäre.

Gerade als ich das Gebäude verliess und zu meinem Auto eilte, sprach mich ein hochgewachsener schlanker Europäer auf deutsch an, ich schätzte ihn auf doppelt so alt wie ich, und stellte sich mit „Aldelbert Weinstein, Journalist" vor. Er habe in der Botschaft niemanden mehr angetroffen, der ihm Informationen hätte geben können, und mich nun angesprochen, weil er mich als Deutscher vermutete. Ich liess mein Auto stehen und lud ihn in „unseren" Teesalon ein. Dort erfuhr ich, dass er heute morgen erst angekommen war und in Korea drei Tage Station machen wollte auf seiner Weltreise über Washington, Seattle, Hawaii und Tokio. Sein Endziel sei aber Saigon, von wo aus er die nächsten Jahre regelmässig über den Vietnamkrieg an die FAZ, Frankfurter Allgemeine Zeitung, berichten würde. Seoul sei eine Etappe weil er hoffe, hier bei der amerikanischen UNO-Truppe mehr über die aktuelle Lage in Süd-Vietnam zu erfahren, als das in Saigon möglich wäre. Er vermute, dass die Offiziere in Vietnam schweigsamer sein würden, aus verständlichen Gründen. Als ich ihm verriet, dass ich eventuell ebenfalls bald nach Vietnam versetzt würde, wurde er sehr gesprächig und ich erfuhr einiges aus seiner Vergangenheit, die mehr aus Kriegs- als aus Journalistentätigkeiten bestanden hatte. Was Informationen aktuell hier in Seoul betraf, riet ich ihm noch, sich ausser an unseren Militär-Attache auch an die amerikanische Botschaft zu wenden. Er versprach, sich möglicherweise in Saigon für meine heutige Einladung zu revanchieren, verabschiedete sich und zog von dannen Richtung Rathausplatz.

Hochzeitsglocken

Meine Erkundigungen im Rathaus von Seoul über das Procedere bei Hochzeiten von Ausländern verliefen eher harmlos. Man gab mir sogar den Tipp, die Heiratsurkunde selbst zweisprachig aufzusetzen, mit fünf Durchschlägen mit Schreibmaschine geschrieben würde reichen, weil das die Kosten erheblich senken könnte. So kam Taeyoung wieder ins Spiel. Ich hatte bei seiner Hochzeit geholfen, hier kam die Chance für ihn zur Revanche. Ich köderte ihn mit dem Angebot, mein Trauzeuge zu sein und möglichst auch eine Person zu finden, die den zweiten Zeugen abgibt. Er schlug Herrn Chung vor, unseren neuen Dolmetscher. Beide waren offenbar inzwischen eng befreundet. Von nun an brauchte ich mich um nichts zu kümmern, die beiden versprachen mir, eine zweisprachige Heiratsurkunde zu entwerfen und vom Standesamt im Rathaus genehmigen zu lassen. Es fehlten ihnen nur noch die persönlichen Daten von SooRyun und ihren Eltern und unser Heiratstermin, den ich bitte bald festlegen sollte. Großen Spielraum gab es dafür nicht, mein Versetzungserlass konnte jeden Tag eintreffen. Also legten wir uns auf Montag, 11. Oktober fest, nach dem Mondkalender war das der 27. September, natürlich auch ein Montag.

Als ich Soo von allen Neuigkeiten berichtet hatte, war ihr einziger Kommentar „wie teuer darf das Hochzeitskleid werden?" Eine Woche später war es bereits fertig, hauteng, fußlang, aus schneeweißer Seide maßgeschneidert. Wir warteten den Hochzeitstag gar nicht erst ab, fuhren zu einem Aussichtspunkt am Han-Ufer, wo ich das Auto direkt neben einem hölzernen bunt bemaltem Kiosk parkte, eine Art moderner Tempel, und als Hintergrund für viele Fotos benutzte. Wieder zurück im Haus ging das Fotografieren noch weiter, mit und ohne Kleider.

Kurz vor dem Hochzeitstermin ging ein Funkerlass aus Bonn ein, mit dem ich zur Tropenuntersuchung aufgefordert wurde. Herr Schatzschneider bat mich zu sich und beglückwünschte mich zur geglückten Versetzung, die mit diesem Erlass ganz klar erkennbar, wenn auch nur indirekt, geklappt hatte. „Warten Sie aber bitte mit der Untersuchung bis nach Ihrer Hochzeit, dann kann ihre Ehefrau gleich mitgehen" riet er mir noch. Herr Schmidt war der erste, dem ich es auch sofort mitteilte und er gab mir weitere Tipps und Hinweise, zum Beispiel den, dass mein Auto wieder exportiert werden müsse weil es noch keine zwei Jahre in Korea war. Das war mir aber alles ziemlich egal, Hauptsache bald abreisen zu neuen unbekannten Zielen und ein ganz neues Leben beginnen.

Die Prüfung unserer selbstgemachten Heiratsurkunde durch den Standesbeamten im

Rathaus ging fast glatt über die Bühne. Er änderte nur handschriftlich die Heimatadresse von Soo, denn die war nicht die ihrer Mutter, sondern jene im Familienregister hinterlegte Adresse ihres verstorbenen Vaters bei dessen Geburt. Die Änderung wurde am Rand der Urkunde abgestempelt. Er gab uns Grünes Licht für kommenden Montag. Dass der Bürgermeister von Seoul, Herr YUN Tchi-young, uns persönlich trauen würde, hatte Tae-young schon im voraus erfahren, so dass wir die Urkunde entsprechend formulieren konnten und genau so die Beglaubigung durch Herrn Schmidt. Die Urkunde würde eine Rarität werden, von mir selbst an der Schreibmaschine getippt, auf zwei DIN-A4-Seiten jeweils linke Hälfte meine Daten, rechte Hälfte die von SooRyun, alles zweisprachig deutsch und englisch und mit Originalunterschrift des Bürgermeisters von Seoul. Dazu noch die Kuriosität, dass ich die koreanischen Namen in westlicher Reihenfolge, also zuerst den Vor- und danach den Familiennamen geschrieben habe, ohne dass der Standesbeamte das bemängelte. Er forderte uns lediglich auf, unsere Unterschriften am Hochzeitstag in entsprechender Namensreihenfolge zu machen. Soo sollte besonders aufpassen, mit Hyung Sook zu unterschreiben, nicht mit SooRyun. Er wusste, dass sie sich bei ihm bei den Vorbesprechungen mit SooRyun Kim vorgestellt hatte.

Endlich war der 11. Oktober gekommen, unser großer Tag. Die Sonne schien schon morgens, der Weg zur Botschaft war seit einer Woche dank der Einweihung der neuen direkten Straße um vier Kilometer kürzer. Der Umweg über Yongsan gehörte endgültig der Vergangenheit an. Wie ein geheimes Zeichen mutete es an, als wir an unserem alten Botschaftsgebäude vorbeifuhren und die Bagger sahen, die mit dem Abriss begonnen hatten. Jubelnd wurden wir in der Botschaft begrüßt, der Eingang war geschmückt, auf einem Tisch standen Getränke bereit.
Herr Schatzschneider gab bekannt, dass für die Fahrt zum Rathaus der Mercedes des Botschafters samt Chauffeur zur Verfügung stünde. Darin hatten also auch die beiden Trauzeugen Platz. Punkt 12 Uhr mittags saßen wir im Trauzimmer am Tisch, hinter uns etliche Kolleginnen und Kollegen und mehrere Freundinnen von Soo. Herr Bürgermeister begrüßte uns in perfektem Englisch und fügte stolz „Guten Tag" hinzu. Die feierliche Amtshandlung war nach wenigen Minuten erledigt, auf dem Flur vor dem Zimmer des Bürgermeisters gab es Snacks und Getränke für alle, eine sehr liebe Geste der Stadt Seoul. Die Urkunde vertraute ich Tae-Young an, um die Hände frei zu haben. Soo und ich erinnerten nochmals an die Einladung für heute 19 Uhr im Bando-Hotel und verkrümelten uns dann heimlich. Zuhause ruhten wir uns aus, den der Abend würde sicher lang werden.

Das wurde er auch. Zu europäischer Küche im Hauptgericht hatte es Suppe und Dessert nach koreanischer Art gegeben. Alle Eingeladenen waren gekommen, eine richtig bunte Truppe. Weil Herr Botschafter fehlte, fühlten sich alle offenbar viel lockerer und zeigten das auch. Das hauseigene Trio spielte alles was sich Soo und die Gäste wünschten. Es wurde viel gelacht, getanzt und die Zeit verging viel zu schnell. Hotel-Manager Sendner ließ es sich nicht nehmen, uns persönlich zu gratulieren und es gab eine Runde auf das Haus. Als um Mitternacht noch niemand gehen wollte, verschwand Soo und kam in einem mir völlig unbekannten Kleid zurück. Ich konnte nachvollziehen, dass ihr das enge Brautkleid irgendwann, vor allem beim Tanzen, keinen Spaß mehr machen würde. Schon wieder hatte ich eine komplett neue Frau im Arm, jetzt mit schulterfreiem Oberteil und weitem Rock mit Petticoat-Unterstützung, alles in Farben, die den koreanischen Tempelbemalungen sehr nahe kamen. Sie hatte alles gut vor mir versteckt, wohl zusammen mit unseren Nachtsachen ins Hotel geschmuggelt, denn selbstverständlich hatte ich ein Zimmer gemietet für unsere Hochzeitsnacht, um nicht mehr Auto fahren zu müssen.

Generalprobe mit Hochzeitskleid zuhause vor Kamin

The Honorable The Mayor of the Special City of Seoul

REPORT AND CERTIFICATE OF MARRIAGE
Heiratsurkunde

The following Marriage is hereby reported:
Folgende Eheschließung wird hiermit angezeigt:

Bridegroom / Bräutigam	Bride / Braut
Ulrich BRINKHOFF	Hyung Sook KIM

Name (Full) / Vor- und Zuname

Albert Brinkhoff	Kae Sung Kim

Father's Name / Name des Vaters

Lina Klenke	Chung Bok Park

Mother's Name / Name der Mutter

Holzminden, Regelfeld 3	256-89 Youngdongpo-Dong, Youngdo-Ngpo-Ku, Seoul Korea ~~172, Shindang-dong Sung-dong-Ku, Seoul~~

Permanent Address / Heimatanschrift

UN-Village 51 A, Hannam-dong Yongsan-Ku, Seoul	UN-Village 51 A, Hannam-dong Yongsan-Ku, Seoul

Present Address / Derzeitige Anschrift

5. Januar 1940, Holzminden	11. November 1946, Seoul

Date and Place of Birth / Geburtstag u. -ort

Secretary / Angestellter	Student

Occupation / Beruf

Bridegroom's German citizenship proven by / Deutsche Staatsangehörigkeit nachgewiesen durch:	Bride's Korean citizenship proven by / Koreanische Staatsangehörigkeit nachgewiesen durch:
German Official Passport No.: Deutscher Dienst-Ausweis Nr.: K 31821	Identification-card No 77 Ausweis Nr. 77 Hongindong-Sungdong-Ku, Seoul
Not previously married Bisher nicht verheiratet	Not previously married Bisher nicht verheiratet

Signature/Unterschrift

Witness's signature / Unterschrift der Zeugen

Kopie der Heiratsurkunde...

page 2 / Seite 2

```
Han Nyun  CHUNG                 Tae Young  UM
    Name of Witness     /    Namen der Zeugen

40, Kwawondong,                 444, Yunchi-dong
Naju, Chollanamdo               Sea Dae Mun-ku, Seoul
       Domicile         /    Heimatanschrift

120-107, Jaehi-dong
Tongdaemoon-Ku                  444, Yunchi-dong
Seoul                           Sea Dae Mun-ku, Seoul
   Present Address      /    Jetzige Anschrift

8. März  1923                   3. März  1939
March 8, 1923                   March 3, 1939
     Date of Birth      /    Geburtsdatum

Interpreter/Dolmetscher         Clark/Angestellter
     Occupation         /    Beruf
```

The Mayor of the Special City of Seoul, Korea, hereby accepts Notification of the above-mentioned marriage.
Der Bürgermeister der Stadt Seoul nimmt hiermit die Mitteilung über die obige Eheschließung entgegen.

The Mayor of the Special City of Seoul
Der Bürgermeister der Stadt Seoul

Gesehen zur Legalisierung der vorstehenden Unterschrift des Mr. Tchi Young YUN, Bürgermeister der Stadt Seoul.

Gleichzeitig wird bescheinigt, daß die vorstehende Urkunde eine nach koreanischem Recht gültige Heiratsurkunde darstellt.

Seoul, den 12. Oktober 1965

Botschaft der Bundesrepublik Deutschland Seoul

(F. Schmidt)
Konsulats-Sekretär

...mit Unterschrift des Bürgermeisters von Seoul

Am nächsten Tag schon schickte ich eine Kopie der Heiratsurkunde mit Sichtvermerk von Dr. Schatzschneider nach Bonn. Darin erwähnte ich, dass Soo nun den Hausnamen Brinkhoff-Kim bis zur geplanten Einbürgerung führen werde. Das sei nötig, weil Koreanerinnen nach der Eheschließung ihren Mädchennamen grundsätzlich beibehalten. Nachmittags waren wir im Krankenhaus zur Tropenuntersuchung angemeldet. Das dauerte nur drei Stunden und der Arzt verkündete auch sofort, dass wir beide tauglich seien. Ich war es von Deutschland gewohnt, einen ganzen Tag dafür einzukalkulieren und auf das Ergebnis oft bis zu zwei Wochen warten zu müssen.

Nun ging alles Zack auf Zack, eine Woche nach der Hochzeit brachte der Kurier den Versetzungsbescheid aus Bonn mit, datiert vom 18. Oktober. Ich wurde als fremdsprachiger Angestellter, also nicht mehr als Schreibkraft, allerdings bei gleicher Gehalts-Einstufung, zu Mitte November an die Botschaft Saigon versetzt. Vietnam war zwar nicht das Gelbe vom Ei, aber von mir schon als neue „Heimat" vermutet worden, denn für dort wurden ständig Freiwillige gesucht und nicht gefunden. Bei näherer Betrachtung, und abgesehen von vielen Gefahren, der mit Abstand einträglichste aller Auslandsjobs. Eine höhere Gefahrenzulage gab es nirgends auf der Welt. Alle weiteren enormen finanziellen Vorteile ahnte ich zu diesem Zeitpunkt noch nicht.

Dem Bescheid waren diverse Anlagen beigefügt. Darunter auch die obligatorischen Merkblätter zum Verhalten in den Tropen und die Lebensbedingungen in Saigon. Aus letzterem, 10-seitig und datiert vom 25. September 1965 fiel mir besonders wieder der letzte Absatz ins Auge, nämlich
„Für den Neuankömmling aus Deutschland oder Europa wird der Aufenthalt in Saigon eine körperliche und seelische Umstellung erfordern. Alleinstehende Damen und Herren werden sich, wenn es sich nicht um ausgesprochen kontaktarme Menschen handelt, in kurzer Zeit einen ihnen genehmen Bekanntenkreis suchen können."
Im Stillen hoffte ich, dass das auch für Frischvermählte gelten möge.

Dank der geknüpften guten Beziehungen zum Bürgermeister von Seoul bekam SooRyun innerhalb kürzester Zeit einen koreanischen Reisepass. Den und meinen Dienstpass schickten wir zum vietnamesischen Generalkonsulat und erhielten beide Pässe schon nach sagenhaften zehn Tagen mit Visum zurück. Mir blieb nur noch der Kauf der Flugscheine, dann konnte es losgehen.

Am 9. November holten die Möbelpacker unser Umzugsgut in UN-Village ab. Mein Auto brachte ich selbst nach Inchon in den Hafen. Von nun an lebten wir aus Koffern und wieder im Chosun-Hotel. Die Botschaft schickte am selben Tag unsere koreanischen „Special Identification Cards" und zu meinem Leidwesen auch meine geliebten schwarzen Auto-Kennzeichen an das Außenministerium zurück. Zwei Tage später, genau an Soos 19. Geburtstag, einem Donnerstag, feierten wir in der Botschaft meinen Abschied. Ab Freitag hatte ich Urlaub. Eine Woche Seoul ohne Stress stand uns bevor, was wir intensiv ausnutzten. Nicht nur durch Faulenzen sondern mit vielen Besuchen in Museen und Parks. Langweilig wurde uns nie, wir waren schließlich frisch verheiratet. Am Samstag, 20. November 1965, schickte uns Herr Schatzschneider zum letzten Mal den Dienst-Mercedes als Abschiedsgruß für die Fahrt zum Flughafen. Darin saß auch Tae-young, er ließ es sich nicht nehmen, uns bis auf den letzten Meter zu begleiten, und verkündete, „egal wann – wir sehen uns wieder". Er verriet uns noch leise ins Ohr, dass er einen Job bei Samsung in Aussicht habe und wenn es klappen würde, seine Tage bei der Botschaft gezählt seien.

Wir kamen an diesem Tag nur bis Tokio, mussten übernachten und reisten am anderen Morgen weiter mit Lufthansa bis Hongkong. Auch dort war wieder eine Hotelübernachtung notwendig, ehe uns Air France nach Saigon brachte. Was uns dort erwartete war erheblich aufregender als alle hier beschriebenen Ereignisse meiner Zeit in Korea. Aber das wussten wir ja noch nicht.

Ein Tag in der 12-Millionen-Weltstadt Seoul im Jahr 2012

Als ich mit Monika im Grace-Hotel in Gwacheon erwache, mit dem Kopf noch gar nicht richtig hier bin, und die Enge in der Asiana Boeing 747 Non-Stop Frankfurt – Seoul mir noch in den Knochen steckt, staune ich erneut über die Größe und gute Ausstattung unseres Zimmers in diesem kleinen Hotel. Es besteht nur aus gut 20 Zimmern auf der achten Etage eines 12-stöckigen Gebäudes. Ein Blick aus dem Fenster zeigt mir, wir sind mitten in der Stadt. Im Hintergrund erkenne ich eine Gebirgslandschaft, von der Gwacheon an allen Seiten umgeben ist. Als wir mit dem Fahrstuhl, bei dem es keinen Knopf für eine vierte Etage gibt, die Straße erreichen, brandet dort der Verkehr achtspurig ohne Mittelinsel mitten durch Gwacheon. An jeder Seite noch zusätzlich eine Bus- und Taxi-Spur und ein Parkstreifen. Die Straße ist geschätzte 50 Meter breit und der Verkehr darf hier mit 80 km/h fahren. Nach ungefähr fünf Minuten kommt er zum Erliegen, nun sind die Fußgänger an der Reihe und können an signalisierten Zebrastreifen diese Pseudo-Autobahn überqueren. Man kann sich Zeit lassen als Passant, denn das Grün dauert eine ganze Minute und wird gegenüber mit der Restlaufzeit angezeigt, dann geht das Getöse des Verkehrs erneut für fünf Minuten los. Wir frühstücken in einer Bäckerei neben dem Rathaus, die auch vier Tische mit Stühlen und entlang der Fensterfront Hochstühle mit Aussicht auf die Straße anbietet. Im Raum stehen viele niedrige Regale voller unterschiedlicher Backwaren. Wir machen es anderen Gästen nach und legen das gewünschte Backwerk mittels bereit liegender hölzerner Zangen auf ein Tablett, bringen alles zur Theke und geben es dort ab. Wir melden unsere Getränke an und ich zahle mit Kreditkarte, leiste meine Unterschrift auf einem Elektronikpad, wie man es in Deutschland nur bei der Anlieferung von Paketen an der Haustür kennt. Wir bekommen eine Art Funkwecker und gehen zum Tisch zurück. Sobald der Wecker am Tisch rappelt, ist unser Frühstück an der Theke abholbereit. Die jungen Verkäuferrinnen, alle in hauseigener Uniform, bedienen jeden Gast auf sehr herzliche Weise. Lächelnd übergeben sie uns unser komplettes Frühstück, also die ausgesuchten Backwaren und unseren Tee, auf einem großen fein dekorierten Tablett, ergänzt mit Butter, Marmelade und kleinen Köstlichkeiten. Alles schmeckt sehr lecker und wie zuhause. Als wir fertig sind mit dem Frühstücken, bringen uns die aufmerksamen Verkäuferrinnen heiße Tücher und räumen das Geschirr ab. Herzlich werden wir an der Tür verabschiedet. Hier werden wir bestimmt auch morgen wieder frühstücken.

Anschließend statten wir Su-taek in seinem Büro im Rathaus einen kurzen Besuch ab, wohlwissend dass der Mensch im Stress ist. Er soll aber wissen, dass wir wohlbehalten angekommen und bestens untergebracht sind, denn übermorgen startet sein Festival, auf das wir uns riesig freuen. Dann verschwinden wir zwischen Rathaus und unserem

Hotel in der U-Bahn Linie 4 und fahren ohne Umsteigen Richtung Hauptbahnhof Seoul. Als unser Zug seinen Tunnel für kurze Zeit verlässt und oberirdisch den Han-Fluss überquert, sehen wir für einen Moment das Meer von Wolkenkratzern und sind sprachlos. Nur 10 Minuten später am Hauptbahnhof erleben wir beim Verlassen des U-Bahnhofs dasselbe noch einmal. Nur das altehrwürdige Bahnhofs-Gebäude, ganz im Stil deutscher historischer Bahnhöfe, steht klein und bescheiden mitten in diesem schier endlosen Hochhaus-Dschungel. Am Ende der breiten Allee Richtung Stadtmitte erkenne ich, dass das große Südtor wie eine Christo-Skulptur eingehüllt ist. Wir können uns also den Weg entlang dieser Hauptverkehrsader mit entsprechendem Geräuschpegel ersparen. Wir wählen einen ruhigen Weg, der hinter dem Bahnhof verläuft, wo noch ein unberührtes altes Stadtviertel erhalten ist. Hier kommt es mir wie vor 48 Jahren vor, denn es gibt sie noch die Lastenträger und die Karrenschieber, auch wenn die Wolkenkratzer im Hintergrund keinen Zweifel daran lassen, dass ihre Tage gezählt sind.

Auf der kleinen baumbestandenen Straße begegnen uns nur wenige Passanten. Monika betrachtet alles sehr genau, schaut in Fenster und in kleine Läden, findet ganz erfreut ein Haus, wo man Schreibpinsel kaufen kann. Die Auswahl ist gewaltig, es gibt sie von klein bis riesig, mit und ohne eingeritzte Sprüche im Bambusschaft. Monika kauft zwei Stück, es sollen Geschenke werden für ihre Geschwister daheim. Bald erreichen wir das westliche Ende jener Allee, an welcher ich damals in der Deutschen Botschaft arbeitete. Es wird jetzt enger auf den Bürgersteigen, Männer in Anzügen, allein und in Gruppen, eilen zum Mittagessen. Auch für uns ist es Zeit, ein Restaurant zu suchen. Vorher aber will ich noch meine alte Arbeitsstelle finden. Als sie endlich in Sicht kommt, bin ich tief traurig. Wie eine Streichholzschachtel zwischen senkrecht stehenden Schuhkartons steht das 10-stöckige Haus eingekeilt von Hochhäusern einsam an der Straßenkante. Die Fenster schmutzig, kein Licht dahinter, alles tot, bis auf ein großes Bauschild, das erkennen lässt, was hier in kürze passieren wird. Mit der Nachbarschaft aus Verwaltungsgebäuden der Wasserwerke Seoul, einer Fluggesellschaft und einer Großbank, alle mit riesigen Kunstwerken in den Vorgärten, wird dokumentiert, dass diese Metropole heute zu den Top-Weltstädten gehört. Da müssen natürlich 10-stöckige Gebäude abgerissen und durch Hochhäuser ersetzt werden. Schnell mache ich Erinnerungsfotos und dann laufen wir weiter bis zum Rathausplatz, wo wir eine erneute Überraschung erleben. Auch das alte Rathaus ist eingehüllt, nicht einmal seine Umrisse sind erkennbar. Es soll zum Schutz vor Umweltschäden, seine Fassade hatte zu bröseln begonnen, einen Glaskasten bekommen. Ich wage es nicht, mir vorzustellen, wie das aussehen mag, wenn es fertig ist. Wir drängeln uns durch die Menge von Touristen, die sich vor dem Eingang des Duksoo-gung, dem zentralen Park mit mehreren Palästen, den Aufmarsch der traditionell gekleideten Wachsoldaten, Tänzerinnen und Musiker anschauen. In einer ruhigen Seitengasse neben der Außenmauer des Parks finden wir im Obergeschoss eines Hauses einen Tisch in einem koreanischen Restaurant. Aus dem Fenster kann man in den alten Park schauen. Das Essen, Pulgogi am Tisch gekocht, dünne Rindfleischscheiben in einer kräftig gewürzten Marinade, schmeckt uns vorzüglich. Auch Monika, die selbst gern kocht, ist begeistert.

Nun ist für uns der Park an der Reihe. Wir zahlen 2.000 Won Eintritt pro Person, ca 1,50 Euro, bummeln über verschlungene Wege, genießen die Ruhe und die herbstlich gefärbten Sträucher und Bäume, und trinken Tee im Informationszentrum. Dieser gläserne Neubau passt sich dezent seiner Umgebung an und gewährt uns aus erhöhter Lage schöne Ausblicke in den Park und auf die Paläste. Ich erzähle Monika die Geschichte, dass ich in diesem Park meiner ersten Ehefrau zum ersten Mal begegnet bin. Dass ich sie nur 10 Jahre neben mir hatte, weil sie 1975 bei einem Verkehrsunfall starb, weiß Monika. Auch dass beide im Sternzeichen Skorpion geboren sind, und dass ich beide sehr liebe, nach wie vor. Auf der großen Treppe vor dem Palast sitzen Schulkinder in der Sonne, alles Jungen in Schuluniform. Alle haben einen Zeichenblock auf den Knien und sind ins Malen vertieft, koreanischer Kunstunterricht im Freien. Ihre Lehrerin sieht sehr jung aus.

Der sehr breite Boulevard zwischen Rathaus und Gwanghamun, dem größeren der beiden einzigen erhaltenen Stadttoren Seouls, 1395 erbaut und nach langjähriger Renovierung im vergangenen Jahr feierlich wieder eingeweiht, ist nach König Sejon dem Großen benannt. Er war der 4. König der Joseon-Dynastie und erlangte Berühmtheit, weil er 1443 das koreanische Alphabet erfand, genannt Hangul, das bis heute die offizielle Schrift von Süd- und Nordkorea und vielen Teilen Chinas ist. Es gibt in der Geschichte Koreas nur zwei Könige, denen post hum der Titel „der Große" verliehen wurde. König Sejongs Denkmal, das ihn sitzend auf seinem Thron zeigt, steht auf der 15 Meter breiten Mittelinsel des Boulevards. Direkt daneben, auch auf der Mittelinsel, liegt der unscheinbare gläserne Eingang in ein sehenswertes unterirdisches Museum, das die Geschichte dieses berühmten Herrschers zum Inhalt hat. Es kostet keinen Eintritt, wird aber aus unerfindlichen Gründen schwer bewacht. Die Kontrollen gleichen denen an Flughäfen. Wir genießen die unterirdische Ruhe und schauen uns Ausstellungsstücke an, die mir klar machen, dass Sejong der Große der Leonardo da Vinci Koreas war.

Der Sejong-Boulevard kommt mir heute viel breiter vor als damals, als ich an dieser Stelle Yehudi Menuhin lauschte. Die Stadthalle von damals gibt es nicht mehr, dort steht jetzt das Sejong-Kultur-Zentrum. Mehrere Regierungsgebäude, darunter das Außenministerium, und Großhotels säumen die Straße, alles wirkt auf mich eintönig und langweilig. Wir wechseln die Richtung, laufen an der amerikanischen Botschaft vorbei und erreichen ein Stück Alt-Seoul. Ohne störende Autos können wir am Insadong-gil durch Passagen bummeln, in Galerien alte und neue asiatische Kunst bewundern und in traditionellen Teesalons leckere Konditor-Spezialitäten ausprobieren. Nur wenige Touristen verirren sich in diese Gegend, die auch in alten Zeiten schon ein Markt für Antiquitäten und Kunst war. Die schier endlosen Fassaden, nie höher als drei Etagen und voll mit Leuchtreklamen, die auch am Tage eingeschaltet sind, dazu die offen aufgehängten Elektrizitäts- und Telefonkabel an hölzernen Masten, so wie man sie aus USA kennt, beherrschen den optischen Eindruck. Im Gegensatz zu den Boulevards und dem großen Platz vor dem Rathaus herrscht hier aber Gelassenheit unter den Passanten. Man sieht viele Jugendliche, oft auch Pärchen in trauter Verliebtheit, aber auch ältere Herren, die auf einer Matte am Boden sitzend künstlerisch arbeiten oder sich einem Brettspiel widmen. Auf Handkarren und an kleinen Verkaufsständen werden Getränke und Leckereien in unterschiedlichster Weise und Geschmacksrichtung von süß bis sauer angeboten.

Wir wandern weiter, mal durch kleine Parks, mal durch mit Waren aller Art überquellende Markt-Gassen, auch durch elegante unterirdische Verbindungs-Passagen zwischen zwei U-Bahn-Stationen, wo sich L`Óreal und Dior ein Stelldichein geben. Ehe wir ermattet vom langen Laufen zurück nach Gwacheon fahren, zeige ich Moni noch die Stelle, wo früher das Chosun-Hotel stand, an das ich so viele Erinnerungen habe. Doch die genau Stelle ist schwer auszumachen, denn alles, absolut alles hier, ist eine neue andere und fremde Welt für mich. Irgendwie muss es damals vor 48 Jahren wohl doch spannender und aufregender gewesen sein, ich hatte es vielleicht damals nur nicht richtig erkannt. Am Myongdong-Markt, nahe der Kathedrale von Seoul, in welcher mein Arbeitskollege Tae-young, der mich später mehrmals in Deutschland besuchte, sich aber seit vielen Jahren nicht mehr gemeldet hat, geheiratet hatte, steigen wir in die U-Bahn Linie 4, die uns in 30 Minuten ohne Umsteigen zurück nach Gwacheon bringt. Wir essen zu Abend in einem der zahlreichen Restaurants aller erdenklichen Geschmacksrichtungen, die sich im Tiefparterre eines modernen Kaufhauses befinden. Alles wird frisch vor unseren Augen zubereitet. Zurück im Hotelzimmer schaut sich Monika noch mal die Pinsel an, die sie heute gekauft hat und stellt traurig fest, dass sie „Made in China" sind. Also werden wir morgen noch mal einen Geschäftebummel durch Gwacheon machen müssen.

Das Daehan-Gebäude im Jahr 2012...

...kurz vor dem Abriss. 1965 war mein Arbeitsplatz hier im 9. Stockwerk

Zwei Künstler bei der Arbeit, dem Bemalen von Fächern

8 junge Schönheiten im Seoul von heute

Lasten-Taxi in einer Marktgasse

Folklore für Touristen vor dem Deoksu-Palast-Park

Schulkinder malen am Tempel im Deoksu-Park

Kunstwerk vor einer Marktgasse

Monika vor dem Denkmal von König Sejong dem Großen auf dem Sejong-Boulevard, hinten das renovierte Nordtor

Typische alte Marktgasse mit Reklame, dahinter ein Hochhaus

Modernes Hochhaus in Seoul

Vorwärts und gleichzeitig zurück nach Saigon

Das spannende und farbenfrohe Festival in Gwacheon, der erste echte Höhepunkt auf meiner Reise in die Vergangenheit, verschafft uns reichlich Abwechslung. Genau so oder sogar besser als auf großen europäischen Straßentheater-Festivals erleben wir vier Tage lang beste Unterhaltung bis lange in die Nächte hinein. Su-taek lässt es sich am Tag nach dem Festival nicht nehmen, uns in ein koreanisches Landgasthaus einzuladen, wo wir in einem parkähnlichen Garten bei bestem Sonnenwetter unter einer Art Tempeldach viele Köstlichkeiten probieren müssen. Wir danken ihm anschließend für Speis und Trank und seine hervorragende Gastfreundschaft und besprechen noch unsere Pläne für den kommenden Sommer. Su-taek verspricht, uns bald in Deutschland zu besuchen.

Einen Tages-Ausflug nach Suwon gönnen wir uns auch noch. Der Bus fährt vor dem Hotel ab und bringt uns in 40 Minuten direkt vor das große Nordtor der berühmten Hwaseong-Festung aus dem späten 18. Jahrhundert. Dieser Ring aus einer Mischung aus Stadtmauer und Befestigungswall mit zahlreichen Wehrtürmen wurde unter König Jeongjo aus Natursteinen und gebrannten Ziegeln in nur zwei und einem halben Jahr erbaut. Seit 1997 gehört alles zum UNESCO-Weltkulturerbe. Wir laufen auf dem mehr als fünf Kilometer langen Wall entlang und kommen aus dem Staunen nicht heraus. Ringsherum liegt uns die Großstadt Suwon zu Füßen. Nach zwei Kilometern brechen wir ab und widmen uns den Tempeln, aber nur von außen, für mehr reicht die Zeit nicht. Wir ziehen einen weiteren Koreabesuch in naher Zukunft in Erwägung, denn Korea hat unglaublich viele interessante historische Sehenswürdigkeiten. Wenn es klappt, werden wir bestimmt auch die herrliche Stadt Suwon nicht auslassen, denn wir haben ja erst einen Bruchteil von ihr erkundet.

Asiana Airline bringt uns am nächsten Tag Non-Stop in fünf Stunden von Incheon nach Ho-Chi-Minh-City, das vor 48 Jahren Saigon hieß und die Hauptstadt von Südvietnam war. Damals war das eine Drei-Tage-Reise gewesen. Was wird mich in Ho-Chi-Minh-City erwarten? Wurde es eine Weltstadt wie Seoul, oder kann man das alte Saigon noch wiedererkennen? Damals ging dort mein in Korea begonnener Traum atemberaubend weiter. Vielleicht finde ich jetzt das Geheimnis heraus, warum Asien mich bis heute so fasziniert. Kann man das überhaupt herausfinden? Bald werde ich es wissen.

Monika und ich im Landgasthaus in Gwacheon...

...auf Einladung von Su-taek

Monika und ich im Spiegel in einer Gasse in Gwacheon

Tempel auf der Hwaseong-Festung von Suwon

Der Autor auf der Hwaseong-Festung, die Stadt Suwon im Hintergrund

Anhang: Fotos vom *Gwacheon Festival*

Fotos von einem der größten koreanischen Straßentheater-Festivals, dem Gwacheon Festival, das bis 2011 „Hanmadang Festival" hieß und erstmals 1997 stattfand

Übersichtskarte Südkorea